बाल
हिंदी शब्द संपदा

प्रो. शैलेंद्र भूषण
डॉ. निशा गुप्ता

विद्या विहार, नई दिल्ली

प्रकाशक : विद्या विहार, 1660 कूचा दखनीराय, दरियागंज, नई दिल्ली-110002
सर्वाधिकार : सुरक्षित / संस्करण : 2007 / मूल्य : एक सौ रुपए
मुद्रक : नरुला प्रिंटर्स, दिल्ली ISBN 81-88140-43-0

BAL HINDI SHABDA SAMPADA (Enhancing Hindi Vocabulary of Children)
by Prof. Shailendra Bhushan & Dr. Nisha Gupta Rs. 100.00
Published by Vidya Vihar, 1660 Kucha Dakhni Rai, Darya Ganj, New Delhi-2

भूमिका

शब्द की शक्ति अनंत है, यही कारण है कि शब्द को 'ब्रह्म' की संज्ञा दी गई है। शब्दों की दुनिया निराली है। कुछ-न-कुछ नए शब्द हमारे प्रतिदिन के व्यवहार में आते रहते हैं। प्रत्येक शब्द का अपना इतिहास होता है। एक शब्द का सटीक व सार्थक उपयोग जहाँ बच्चों को आगे बढ़ने में मदद करता है, वहीं एक शब्द का गलत और अनुचित प्रयोग आपसी मन-मुटाव और झगड़े का कारण बनता है।

बच्चे प्रत्येक नई वस्तु या परिवेश के बारे में अधिकाधिक जानने के इच्छुक होते हैं। बाजार में उपलब्ध प्रायः व्याकरण या इसी प्रकार की पुस्तकों में शब्द के विविध रूपों पर कुछ सामग्री दे दी जाती है; जैसे—पर्याय, विलोम, युग्म, अनेकार्थी आदि। परंतु प्रस्तुत पुस्तक 'बाल हिंदी शब्द संपदा' का कलेवर बिलकुल अलग है। इसमें देवनागरी के अकारादि क्रम में अ से ह तक शब्दकोश को प्रारंभ में रखा गया है। इससे विद्यार्थी अपने शब्द-भंडार का विस्तार भलीभाँति कर सकते हैं। विलोम शब्द, पर्यायवाची, अनेकार्थी, समानार्थी मगर भिन्नार्थक शब्द, विशेषणयुक्त शब्द—इन शीर्षकों के अंतर्गत शब्द के विभिन्न रूपों को रखा गया है। इनके अलावा बालकों की जिज्ञासा एवं बौद्धिक क्षमता के अनुसार मुहावरे, लोकोक्तियाँ, सहचर शब्द, पशु-पक्षी की बोलियाँ, उपसर्गवाले शब्द, युग्म शब्द तथा शुद्ध-अशुद्ध आदि शब्दों को विस्तार से दिया गया है।

आशा है, बालक-बालिकाएँ प्रस्तुत पुस्तक के अध्ययन से लाभ उठाकर अपने शब्द-भंडार का मनोवांछित विस्तार कर सकेंगे तथा शब्द के विभिन्न रूपों एवं प्रयोगों का ज्ञान सम्यक् रूप में कर सकेंगे।

—प्रो. शैलेंद्र भूषण

—डॉ. निशा गुप्ता

अनुक्रम

शब्दकोश

अ

अ—देवनागरी वर्णमाला का पहला अक्षर या वर्ण तथा पहला स्वर।

अंक—संख्या—1 2 3 4, नाटक का एक भाग, गोद।

अंकुर—बीज से निकला हुआ पौधे का प्रारंभिक रूप, अँखुआ।

अंकुश—रोक, नियंत्रण, लोहे का एक उपकरण जिससे हाथी को वश में किया जाता है, गजबाँक।

अंग—शरीर का कोई भाग, हिस्सा।

अंगारा—दहकता हुआ कोयला या कंडा।

अँगूठा—हाथ या पैर की पहली और सबसे मोटी उँगली।

अँगोछा—शरीर पोंछने का एक कपड़ा, गमछा।

अंचल—आँचल, पल्लू, छोर।

अंजन—सुरमा, काजल।

अंजलि—दोनों हथेलियों को मिलाकर बनाया हुआ गड्ढा, अँजुरी, अंजली।

अंजीर—एक प्रकार का फल।

अंत—आख़िर, ख़ात्मा, समाप्ति।

अंतरराष्ट्रीय—एक से अधिक राष्ट्रों से संबंध रखनेवाला।

अंतरिक्ष—आकाश, वायुमंडल।

अंतरिक्षयान—स्पेसशटल या रॉकेट जैसे यान, जिनसे अंतरिक्ष की यात्रा की जाती है।

अंतिम—अंत का, आख़िरी, सबसे पीछे का, पिछला।

अंदेशा—खटका, संदेह, आशंका।

अंधविश्वास—बिना परीक्षण किए बनाई गई मान्यता या धारणा, बिना सोचा-समझा विश्वास, वहम, निराधार विश्वास।

अंधेर—अन्याय, गड़बड़।

अंबर—आकाश, आसमान।

अंश—भाग, खंड, टुकड़ा, हिस्सा।

अकसर—अधिकतर, बहुधा, प्राय:।

अकस्मात्—एकाएक, एकदम, अचानक, सहसा, हठात्।

अक़्ल—समझ, बुद्धि।

अक्षर—हर्फ़, वर्ण, स्वर या व्यंजन वर्ण।

अक्षांश—भूगोल (ग्लोब) में पृथ्वी पर पूरब से पश्चिम की ओर जाती हुई समान अंतरवाली कल्पित रेखाएँ, जो यह बताती हैं कि कौन सा भाग भूमध्य रेखा से कितना दक्षिण में है और कौन सा कितना उत्तर में।

अखरोट—एक प्रसिद्ध मेवा या सूखा फल, जिसके ऊपर कड़ा खोल होता है और भीतर स्वादु गिरी।

अखाड़ा—कुश्ती लड़ने का चौकोर स्थान, साधुओं का स्थान।

अखिल—समूचा, पूरा, सारा, संपूर्ण, समग्र।

अगाध—बहुत अधिक, अथाह।

अग्नि—अनल, आग, पावक।

अग्रिम—आगे का, अगला।

अचंभा—अचरज, हैरानी, आश्चर्य, ताज्जुब।

अचल—जो चले नहीं, अडिग, अटल।

अचूक—जो चूके नहीं, व्यर्थ न जानेवाला।

अचेत—जिसे होश न हो, बेहोश।

अछूत—जो छूने योग्य न हो।

अजगर—एक प्रकार का सुस्त साँप, जो लंबा और मोटा होता है।

अज़ान—मुल्ला द्वारा मसजिद में दी गई पुकार।

अजायबघर—संग्रहालय, म्यूज़ियम, वह स्थान जहाँ अद्‌भुत और ऐतिहासिक वस्तुओं का संग्रह हो।

अजीब—अनोखा, अद्‌भुत, विचित्र, अज्ञात, जिसके बारे में कोई जानकारी न हो, अनजान, अपरिचित।

अज्ञातवास—ऐसी जगह का निवास, जिसे कोई जान न सके, लुक-छिपकर रहना, गुप्तवास।

अज्ञान—ज्ञान की कमी, नासमझी, मूर्खता, बेवकूफ़ी।

अज्ञानी—जिसे ज्ञान न हो, नासमझ, ज्ञानहीन, मूर्ख, बेवकूफ़।

अज्ञेय—जिसे जाना न जा सके।

अटकल—अंदाज़, अनुमान।

अटकाना—बाधा डालना, रोकना।

अटपटा—बेढंगा, अजीब, ऊटपटाँग।

अटल—जो अपने स्थान से टले नहीं, स्थिर, पक्का, दृढ़।

अटूट—न टूटनेवाला, जो टूट न सके।

अड़ँगा—जान-बूझकर पैदा की गई बाधा, अड़चन, रुकावट।

अड़चन—बाधा, विघ्न, रुकावट।

अड़ियल—चलते-चलते अड़ जानेवाला, हठी, ज़िद्दी।

अणु—किसी वस्तु का बहुत ही छोटा टुकड़ा या कण।

अणु-शक्ति—अणु के विस्फोट से उत्पन्न शक्ति—जो युद्ध और शांति दोनों ही प्रकार के कामों में प्रयोग की जा सकती है।

अतः—इसलिए, इस वजह से, इस कारण।

अतएव—इसलिए, इसीलिए, इसी वजह से।

अति—ज़्यादा, बहुत, सामान्य से ज़्यादा।

अतिथि—पाहुना, मेहमान (जिसके आने की तिथि मालूम न हो)।

अतिरिक्त—अलावा, सिवा, छोड़कर।

अतीत—भूतकाल, बीता हुआ समय, गुज़रा हुआ ज़माना।

अत्यंत—हद से ज़्यादा, बहुत अधिक।

अत्यधिक—बहुत ज़्यादा।

अत्याचार—किसी को सताना अथवा दुःख देना, अन्याय, जुल्म।

अत्याचारी—अत्याचार करनेवाला, अन्यायी, जुल्मी, ज़ालिम।

अथक—जो थकता न हो, हार नहीं माननेवाला, बहुत अधिक परिश्रमी।

अथवा—चाहे यह-चाहे वह, या।

अथाह—जिसकी थाह न हो, बहुत गहरा, अगाध।

अदरक—एक गाँठदार कंद, जो दवा, चटनी, अचार आदि के रूप में खाया जाता है। कच्ची सोंठ।

अदालत—न्यायालय, कचहरी, कोर्ट।

अद्भुत—विचित्र, अनोखा, अजीब।

अधखिला—आधा खिला हुआ, जो पूरी तरह खिला न हो।

अधखुला—आधा खुला हुआ।

अधपका—थोड़ा कच्चा थोड़ा पका हुआ।

अधमरा—आधा मरा हुआ, जो मरने ही वाला हो, मरणासन्न, मृतप्राय।

अधर—नीचे का होंठ, ओठ, होंठ, धरती और आकाश के बीच का स्थान।

अधर्म—जो धर्म न हो, पाप, बुरा काम।

अधर्मी—पापी, धर्म के विपरीत चलनेवाला, बुरे काम करनेवाला।

अधिक—बहुत, ज़्यादा।

अधिक कोण—वह कोण जो समकोण से बड़ा हो, जो नब्बे अंश से बड़ा और (180°) एक सौ अस्सी अंश से छोटा हो।

अधिकतम—सबसे ज़्यादा या सबसे अधिक।

अधिकतर—बहुधा, प्रायः, ज़्यादातर।

अधिकता—अधिक होना, ज़्यादा होना, बहुतायत।

अधिकांश—आधे से अधिक, ज़्यादा, अधिकतर।

अधिकार—वह शक्ति जो पद, स्थान, योग्यता, सदस्यता इत्यादि के कारण प्राप्त होती है।

अधिकारी—अफ़सर।

अधिवेशन—बैठक, सम्मेलन, सभा।

अधीन—मातहत, किसी के शासन अथवा अधिकार में।

अधीनता—किसी के वश में होना, पराधीनता, परतंत्रता, परवशता, ग़ुलामी।

अधीर—जिसने धीरज छोड़ दिया हो, धैर्यहीन, बेचैन, उतावला, बेसब्र।

अध्यक्ष—सभापति, मुखिया, ज़िम्मेदार, प्रधान।

अध्ययन—पढ़ाई, किसी पुस्तक आदि को गहराई से पढ़ना।

अध्ययन-कक्ष—पढ़ने का कमरा।

अध्ययनशील—रुचि के साथ अध्ययन करनेवाला, अध्ययन में परिश्रम करनेवाला।

अध्यापक—पढ़ानेवाला, शिक्षक, टीचर।

अध्यापन—पढ़ाने का काम, पढ़ाना, शिक्षण।

अध्यापिका—पढ़ानेवाली, शिक्षिका, लेडी टीचर।

अध्याय—किसी पुस्तक का एक खंड अथवा भाग।

अनंत—जिसका अंत न हो, जिसका पार न हो, असीम, अपार।

अनगिनत—जो गिना न जा सके, अगणित, बे-हिसाब, बेशुमार।

अनजान—बिना जाना हुआ।

अनजाने—अनजान में, बिना जाने हुए।

अनपका—जो पका न हो, कच्चा।

अनपढ़—अपढ़, अशिक्षित, निरक्षर, जो पढ़ा-लिखा न हो।

अनमना—उदास, खिन्न, उखड़ा-उखड़ा।

अनमेल—बेमेल, असमान, बेढंगा।

अनमोल—अमूल्य, बहुत मूल्यवान्, बहुमूल्य।

अनशन—किसी उद्देश्य से भोजन न करना, उपवास, एक प्रकार का व्रत।

अनसुनी—न सुनी हुई।

अनाड़ी—किसी काम का अच्छी तरह जानकार न होने पर भी उसे करनेवाला, अकुशल।

अनाथ—जिसका कोई सहारा न हो, बेसहारा।

अनाथालय—वह स्थान जहाँ अनाथों का पालन-पोषण होता है, यतीमख़ाना, अनाथाश्रम।

अनादर—अपमान, निरादर, बेइज़्ज़ती।

अनादि—जिसका आदि या आरंभ न हुआ हो।

अनामिका—सबसे छोटी अँगुली के पास की अँगुली।

अनावश्यक—जो ज़रूरी या आवश्यक न हो, ग़ैरज़रूरी, व्यर्थ का, बेकार का।

अनिवार्य—जिसका निवारण न हो सके, अत्यंत आवश्यक, बहुत ज़रूरी।

अनिश्चित—जिसका निश्चय न हुआ हो।

अनिष्ट—अमंगल, हानि, अहित, बुराई।

अनुकरण—नक़ल, किसी की देखा-देखी कुछ करना।

अनुकूल—जो अपने पक्ष में हो।

अनुचित—जो उचित न हो, बुरा, ग़लत, ग़ैरवाजिब।

अनुच्छेद—कुछ वाक्यों का समूह, पैराग्राफ़।

अनुत्तीर्ण—जो उत्तीर्ण न हुआ हो, जो पास न हुआ हो, असफल, फ़ेल।

अनुपम—जिसकी उपमा न हो, बेजोड़, अद्वितीय, सर्वोत्तम।

अनुपयोगी—बेकार, व्यर्थ, जिसका कोई उपयोग न हो।

अनुपस्थित—जो उपस्थित न हो, ग़ैरहाज़िर।

अनुभव—किसी काम को स्वयं करने से प्राप्त प्रत्यक्ष ज्ञान, तजरबा, एहसास।

अनुभवी—अनुभववाला, तजरबेकार, भुक्तभोगी।

अनुमति—स्वीकृति, इज़ाज़त।

अनुमान—अंदाज़, अंदाज़ा, अटकल।

अनुयायी—किसी के पीछे चलनेवाला, अनुगामी।

अनुरोध—विनयपूर्वक आग्रह, निवेदन, प्रार्थना।

अनुशासन—नियमानुसार आचरण।

अनुसंधान—शोध, खोज, रिसर्च।

अनूठा—अनोखा, अद्भुत, बहुत अच्छा।

अनेक—कई, एक से ज़्यादा, बहुत से।

अन्न—अनाज, ग़ल्ला।

अन्य—कोई दूसरा, ग़ैर, भिन्न।

अन्याय—वह कार्य जो न्याय के विरुद्ध हो, नाइंसाफ़ी, ज़ुल्म, अत्याचार।

अपंग—अंगहीन, जिसका कोई अंग न हो, लूला-लँगड़ा।

अपच—खाना न पचना, बदहज़मी।

अपनापन—आत्मीयता, अपनापा।

अपमान—अनादर, बेइज़्ज़ती।

अपयश—बुराई, बदनामी, कलंक, अपकीर्ति।

अपराध—जुर्म, क़ानून का उल्लंघन करने का कार्य, कसूर, दोष, ग़लती।

अपशकुन—अशुभ, असगुन।

अपार—जिसका पार न हो, बहुत ज़्यादा, असीम, अनंत।

अपूर्ण—जो पूरा न हो, अधूरा।

अप्रसन्न—नाराज़, नाख़ुश, अप्रिय, जो प्रिय न हो, बुरा, ख़राब।

अफ़वाह—उड़ती ख़बर, झूठी ख़बर।

अभाव—कमी, ग़ैरमौजूदगी।

अभिनेता—फ़िल्मों या नाटक आदि में अभिनय करनेवाला, हीरो, ऐक्टर।

अभिनेत्री—फ़िल्म या नाटक आदि में अभिनय करनेवाली स्त्री, हीरोइन, ऐक्ट्रेस।

अभिभावक—संरक्षक, गार्जियन।

अभिमान—घमंड, अहंकार।

अभिलाषा—इच्छा, चाह, कामना, तमन्ना।

अभिवादन—प्रणाम, नमस्कार, नमस्ते।

अभ्यास—किसी काम को बार-बार करके सीखना।

अमर—जो कभी न मरे, देवता।

अमावस्या—हिंदी महीने के कृष्ण-पक्ष का अंतिम दिन, जब चाँद दिखाई नहीं पड़ता।

अमूल्य—क़ीमती, मूल्यवान्, बहुमूल्य।

अमृत—पीने का एक पदार्थ, जिसे पीने से व्यक्ति कभी नहीं मरता।

अयोग्य—नालायक़, जिसमें योग्यता न हो, निकम्मा, बेकार।

अलबम—फ़ोटो रखने की पुस्तिका।

अलार्म—निश्चित समय पर बजनेवाली घंटी।

अलाव—हाथ सेंकने या तापने के लिए जलाई गई आग।

अल्लाह—ख़ुदा, परमात्मा, भगवान्, ईश्वर।

अवकाश—ख़ाली समय, फ़ुरसत, छुट्टी।

अवतार—देवता या ईश्वर का मनुष्य के रूप में जन्म।

अशुद्ध—अपवित्र, मैला, गंदा, ग़लत।

अशुभ—जो शुभ न हो, अमंगलकारी।

अष्टमी—हिंदी महीने के शुक्ल या कृष्ण-पक्ष की आठवीं तिथि।

असफल—नाकामयाब, विफल।

असाधारण—जो साधारण न हो, विशेष, ख़ास, विशिष्ट।

असुविधा—दिक़्क़त, परेशानी, कठिनाई।

असेंबली—विधानसभा।

अहिंसा—किसी को न मारना, किसी को न सताना, किसी को दुःख न देना।

आ

आ—देवनागरी वर्णमाला का दूसरा अक्षर तथा स्वर।

आँख—देखने का अंग विशेष, चक्षु।

आँच—आग की लपट।

आँत—पेट के भीतर की वह लंबी नली, जो गुदा मार्ग तक जाती है तथा जिससे होकर मल बाहर निकलता है।

आँवला—एक कसैला फल, जो अचार, चटनी, मुरब्बा, दवा इत्यादि के काम में आता हो।

आँसू—आँख से टपकनेवाला पानी, अश्रु।

आइसक्रीम—चीनी और क्रीम मिलाकर बनाई गई बर्फ़, मलाई बर्फ़।

आकार—आकृति, रूप।

आकाश—पृथ्वी के ऊपर दिखाई देनेवाला वह असीम विस्तार जिसमें सूरज, चाँद, सितारे इत्यादि चमकते हैं।

आकाशवाणी—आकाश से आनेवाली आवाज़, देववाणी।

आग—अग्नि, ज्वाला।

आचार्य—प्रोफ़ेसर, विद्वान्।

आजीविका—रोज़ी, काम-धंधा, रोज़ी-रोटी के साधन।

आज्ञाकारी—आज्ञा का पालन करनेवाला।

आतंक—भय, डर, दहशत।

आत्मकथा—किसी व्यक्ति के द्वारा स्वयं लिखी गई अपनी जीवनी, आत्मचरित।

आत्मविश्वास—अपने ऊपर विश्वास, अपने पर भरोसा।

आदरणीय—आदर के योग्य।

आदि—शुरू, आरंभ, प्रारंभ।

आदेश—हुक्म, आज्ञा।

आनंद—ख़ुशी, प्रसन्नता, हर्ष।

आन—इज़्ज़त, सम्मान, मर्यादा।

ऑपरेशन—घाव आदि की चीर-फाड़, शल्य-चिकित्सा।

आपातकाल—मुसीबत की घड़ी, संकट का समय।

आभा—चमक, द्युति, झलक, छाया।

आभार—एहसान, उपकार।

आभारी—आभार माननेवाला, एहसान माननेवाला।

आभूषण—गहना, ज़ेवर, अलंकरण।

आमाशय—पेट के भीतर की थैली, जिसमें खाना पचता है।

आय—आमदनी, कमाई।

आयतन—कोई वस्तु जो जगह घेरती है, उस जगह की नाप।

आयात—दूसरे स्थानों से सामान मँगाना।

आरक्षण—किसी के लिए स्थान सुरक्षित

करना या होना।

आरा—लकड़ी चीरने के लिए लोहे का बना दाँतेदार औज़ार।

आर्द्र—भीगा हुआ, नम, गीला, तर।

आवरण—परदा, परत, खोल।

आवश्यक—ज़रूरी।

आवास—रहने का स्थान, मकान, घर।

आविष्कार—नई वस्तु की खोज करना, ईजाद।

आशीर्वाद—अपने से छोटे के प्रति कल्याण की कामना।

आषाढ़—हिंदी का चौथा महीना।

आसमान—आकाश, गगन।

आसरा—भरोसा, सहारा।

आस्तीन—सिले कपड़ों की बाँह।

आहार—खाने की चीज़ें, भोजन।

इ

इ—देवनागरी वर्णमाला का तीसरा अक्षर और स्वरों में तीसरा स्वर।

इंद्रधनुष—वर्षा के बाद कभी-कभी आसमान में दिखाई देनेवाला सतरंगा अर्द्धवृत्त।

इंसाफ़—न्याय, फ़ैसला, निर्णय।

इज़ाज़त—अनुमति, मंजूरी, आज्ञा।

इठलाना—इतराना, नख़रे करना।

इतिहास—बीती हुई घटनाओं तथा उनसे संबंधित व्यक्तियों और उनके कार्यों का क्रम से विवरण या वर्णन।

इत्र—सुगंधित फूल आदि से निकाला हुआ रस, इतर या सेंट।

इनसान—मनुष्य, आदमी।

इनसेट—अंतरिक्ष में छोड़ा गया उपग्रह।

इमरती—एक प्रसिद्ध मिठाई।

इमली—एक खट्टा फल।

इमारत—बड़ा मकान।

इम्तिहान—परीक्षा।

इलाज—चिकित्सा, उपचार।

इलायची—एक सुगंधित फल, जो दवा व मसाले में प्रयोग होता है।

इस्पात—लोहे को साफ करके उसमें कुछ और धातुएँ मिलाकर बनाया गया बढ़िया प्रकार का लोहा, स्टील।

ई

ई—देवनागरी वर्णमाला का चौथा अक्षर तथा चौथा स्वर।

ईद—मुसलमानों का एक प्रसिद्ध त्योहार।

ईदगाह—ईद के दिन एकत्र होकर नमाज़ पढ़ने की जगह।

ईमान—सचाई, सच्चरित्रता, खरापन।

ईमानदार—लेन-देन में खरा, सचाई बरतनेवाला, नेक-नीयत।

उ

उ—देवनागरी वर्णमाला का पाँचवाँ अक्षर तथा पाँचवाँ स्वर।

उगलना—उलटी करना, कै।

उगाना—जमाना, उपजाना।

उचकना—किसी चीज़ को देखने या पाने के लिए पंजों के बल ऊपर को उठना।

उचक्का—दूसरे की वस्तु छीनकर या उठाकर भाग जानेवाला, उठाईगीर।

उचित—सही, उपयुक्त, सटीक।

उज्ज्वल—चमकदार, चमकीला, साफ़, स्वच्छ।

उज़्बक—मूर्ख, बेवक़ूफ़।

उत्तम—अच्छा, श्रेष्ठ।

उत्तर—जवाब, दक्षिण दिशा के सामने की दिशा।

उत्तीर्ण—जो किसी परीक्षा में सफल घोषित हुआ हो, पास, सफल।

उत्सव—जलसा, समारोह।

उत्साह—हौसला, उमंग, जोश।

उत्सुक—कोई बात तुरंत जानने या कोई काम तुरंत करने के लिए उतावला, तत्पर, व्यग्र।

उथला—कम गहरा, छिछला, सतही।

उदय—उगना, निकलना, प्रकट होना।

उदर—पेट।

उदार—जो दूसरों की सहायता खुले दिल से करे, खुले विचारोंवाला।

उदाहरण—किसी बात को समझाने के लिए दी गई मिसाल।

उद्घाटन—किसी प्रसिद्ध व्यक्ति द्वारा किसी सम्मेलन, समारोह इत्यादि का शुभारंभ।

उद्देश्य—लक्ष्य, ध्येय।

उद्यान—बाग़-बगीचा।

उद्योग—कोशिश, प्रयत्न, कल-कारख़ाने।

उन्नत—ऊँचा, ऊपर उठा हुआ।

उन्नति—प्रगति, तरक्की।

उपकरण—यंत्र, मशीन, कल।

उपकार—ऐसा काम जिससे किसी का हित हो, भलाई, नेकी।

उपग्रह—वह छोटा ग्रह जो किसी बड़े ग्रह के चारों ओर घूमता हो।

उपचार—दवा, इलाज, चिकित्सा, उपाय, निदान।

उपदेश—सीख, नसीहत, अच्छी सलाह।

उपवास—भोजन न करना, निराहार।

उपस्थित—हाज़िर, मौजूद।

उपस्थिति—हाज़िरी, मौजूदगी।

उपहार—आदर या प्रेमभाव से किसी को दी जानेवाली वस्तु, भेंट, प्रजेंट।

उपाय—तरीक़ा, पद्धति, हल।

उबटन—शरीर पर मलने के लिए बनाया गया लेप।

उबालना—किसी तरल पदार्थ को आग पर रखकर इतना गरम करना कि वह खौलने लगे, खौलाना।

उमस—चिपचिपी गरमी।

उलाहना—शिकायत।

उल्लास—ख़ुशी, आनंद, हर्ष।

उस्तरा—बाल बनाने का औज़ार, छुरा, रेज़र।

उस्ताद—शिक्षक, गुरु, अध्यापक।

ऊ

ऊ—देवनागरी वर्णमाला का छठा अक्षर तथा छठा स्वर।

ऊख—गन्ना, ईख।

ऊब—उकताहट।

ऊर्जा—बल, शक्ति।

ऊष्मा—गरमी, ताप।

ऋ

ऋ—देवनागरी वर्णमाला का सातवाँ अक्षर तथा सातवाँ स्वर।

ऋजु—सीधा।

ऋग्वेद—चार वेदों में सबसे पुराना वेद।

ऋण—क़र्ज़।

ऋतु—मौसम।

ए

ए—देवनागरी वर्णमाला का आठवाँ अक्षर और स्वरों में आठवाँ स्वर।

एंबुलेंस—रोगियों को लाने-ले जाने की गाड़ी।

एकत्र—इकट्ठे, एक स्थान पर जमा।

एकांत—जहाँ कोई दूसरा न हो, तनहाई।

एक्स-रे—वे यांत्रिक किरणें, जिनकी सहायता से शरीर के भीतरी अंगों का चित्र लिया जाता है।

एयरकंडीशनर—वातानुकूलन करनेवाली मशीन।

ऐ

ऐ—देवनागरी वर्णमाला का नौवाँ अक्षर और स्वरों में नौवाँ स्वर।

ऐतिहासिक—इतिहास से संबंध रखनेवाला, इतिहास संबंधी, जिसका इतिहास में स्थान हो।

ऐनक—चश्मा, उपनेत्र।

ओ

ओ—देवनागरी वर्णमाला का दसवाँ अक्षर और स्वरों में दसवाँ स्वर।

ओढ़नी—चुनरी, चुन्नी, दुपट्टा, स्त्रियों के ओढ़ने की छोटी सी चादर।

ओला—जमे हुए जलकण या बर्फ़ के छोटे-छोटे गोले जो कभी-कभी पानी के साथ बरसते हैं।

औ

औ—देवनागरी वर्णमाला का ग्यारहवाँ अक्षर और स्वरों में ग्यारहवाँ स्वर।

औद्योगिक—उद्योग का, उद्योग से संबंधित, जहाँ उद्योग-धंधे फैले हुए हों।

औषध, औषधि—दवाई, दवा, जड़ी-बूटी।

क

क—देवनागरी वर्णमाला तथा कवर्ग का पहला व्यंजन।

कंकाल—शरीर की हड्डियों का ढाँचा, अस्थिपंजर, ठटरी।

कंठ—गला।

कंप्यूटर—परिकलक, संगणक।

ककड़ी—खीरा की जाति का एक पतला-लंबा धारीदार फल।

कक्ष—कमरा, ग्रहपथ।

कक्षा—क्लास, श्रेणी, दर्जा।

कचौड़ी—एक प्रकार की पूड़ी, जिसके भीतर उड़द, आलू इत्यादि की पीठी भरी जाती है।

कच्चा—फल, भोजन आदि जो पका न हो।

कटहल—एक बड़े आकार का फल, जिसका छिलका दानेदार और कड़ा होता है।

कठपुतली—काठ या कपड़े आदि की गुड़िया, जिसे तार या धागे आदि की सहायता से नचाते हैं।

कथकली—केरल का एक नृत्य।

क़दम—डग, चलने में दोनों पाँवों के बीच का अंतर।

क़नात—मोटे कपड़े की वह दीवार जिससे किसी स्थान को घेरकर आड़ करते हैं।

कन्या—कुँआरी लड़की, अविवाहिता लड़की।

कपाल—माथा, मस्तक, ललाट।

कपूर—सफ़ेद रंग का सुगंधित पदार्थ।

कमेंटरी—किसी खेल या समारोह का आँखों देखा हाल।

करवट—दाईं या बाईं ओर लेटना।

कर्मचारी—किसी दफ़्तर या फैक्टरी आदि में तनख़्वाह लेकर काम करनेवाला।

कलाई—हथेली और पहुँचे के बीच का भाग।

कवयित्री—कविता करनेवाली स्त्री।

कहावत—लोगों में प्रचलित कोई उक्ति, लोकोक्ति।

कान—सुनने का अंग, कर्ण।

कॉपी—कोरे काग़ज़ों की लिखने की पुस्तिका, अभ्यास पुस्तिका, नक़ल, प्रतिलिपि।

कॉफ़ी—चाय की तरह पिया जानेवाला एक पेय, क़हवा।

कार—मोटर, मोटरगाड़ी।

कार्यालय—दफ़्तर, ऑफ़िस, वह स्थान जो किसी दफ़्तर, संस्था या संगठन आदि के नियमित कार्य के लिए हो।

कालीमिर्च—काले रंग का गोल और चरपरा दाना, जो मसाले के रूप में काम में लाया जाता है।

किक—ठोकर।

किलोमीटर—स्थान की दूरी या लंबाई-चौड़ाई नापने की एक हज़ार मीटर की एक नाप।

किलोलीटर—तरल पदार्थों को नापने का एक हज़ार लीटर का एक पैमाना।

कीटनाशक—कीड़ों-मकोड़ों और कीटाणुओं का नाश करनेवाली दवा।

कीर्तन—भक्ति रूप में प्रभु की कीर्ति-महिमा का सामूहिक गान।

कुंडल—कानों में पहना जानेवाला एक गहना।

केरोसीन—मिट्टी का तेल।

कैंसर—तेज़ी से फैलनेवाला एक भयंकर रोग।

कै—उलटी, उगलना।

कैलेंडर—वह पत्र या पत्रसमूह जिसमें तारीख़, दिन और कभी-कभी तिथियाँ दी रहती हैं।

कोमल—नरम, मुलायम।

कोश—वह ग्रंथ जिसमें शब्दों के अर्थ आदि होते हैं, संचित धन, अंडा, गोलक।

क्रेट—बोतल आदि रखने का खाँचा।

क्षमा—अपराध करनेवाले या अपने को कष्ट पहुँचानेवाले को दंड या कष्ट न देना या उससे बदला न लेना, माफ़ी।

क्षितिज—वह जगह जहाँ धरती और आसमान मिले हुए दिखाई पड़ते हैं।

ख

ख—देवनागरी वर्णमाला तथा कवर्ग का दूसरा व्यंजन।

ख़बर—समाचार, हाल, हालचाल, सूचना।

ख़रबूज़ा—जायद की फसल का एक मशहूर मीठा गोल फल।

खसरा—पटवारी की एक बही, जिसमें गाँव के हर खेत का नंबर, रकबा और काश्तकार (किसान) का नाम आदि लिखा होता है।

खाता—किसी बैंक में किसी व्यक्ति या संस्था का हिसाब-किताब, एकाउंट, बही-खाता।

ख़ामोश—चुप, मौन।

खिलाड़ी—खेलनेवाला, किसी ख़ास खेल में अच्छा खेलनेवाला।

खुजली—छूत का एक रोग, जिसमें शरीर में दाने निकल आते हैं तथा खुजली होती है, मीज़ल्स।

ख़ुराक—भोजन, खाना, खाना-पीना, दवा की वह

मात्रा जो एक बार में ली जाए।

ख़ुशख़बरी—ऐसी ख़बर जिसको सुनकर ख़ुशी हो, अच्छी ख़बर, शुभ समाचार, शुभ सूचना।

ख़ुशी—प्रसन्नता, हर्ष।

ख़ून—लहू, रक्त, रुधिर।

खोपड़ी—सिर का बालों और चमड़ी के नीचे का हड्डीवाला भाग।

ग

ग—देवनागरी वर्णमाला तथा कवर्ग का तीसरा व्यंजन।

गंजा—जिसे गंज रोग हो, जिसके सिर के बाल झड़ गए हों, जिसके सिर पर बाल न हों।

गज़क—गुड़ या चीनी और तिल से बननेवाला एक मिष्टान्न।

गणित—हिसाब, जोड़ने-घटाने और गुणा-भाग आदि की विद्या, मैथेमेटिक्स, मैथ।

गद्य—जिसमें कविता की तरह छंद का प्रयोग न हो, पद्य का उलटा।

गमला—फूल-पौधे लगाने के लिए बना मिट्टी का बरतन।

गरमी—गरमी का मौसम, ग्रीष्म ऋतु, गरमी के दिन, ताप, उष्णता; क्रोध, गुस्सा, घमंड।

गला—सिर को धड़ से जोड़नेवाले अंग का भीतरी भाग, कंठ।

गहरा—जिसकी सतह आस-पास के स्थान से नीची हो, नीचे तक गया हुआ, गंभीर।

गायक—गवैया, गानेवाला।

गायिका—गानेवाली।

गार्ड—रक्षक।

गुप्तचर—छिपे तौर पर अज्ञात तथ्यों अथवा रहस्यों का पता लगानेवाला, जासूस।

गुलदस्ता—फूलों का गुच्छा।

गुल्लक—पैसा जमा करने का मिट्टी या धातु का एक डिब्बा।

गेंदबाज—क्रिकेट में गेंद फेंकनेवाला, बॉलर।

गेंदा—एक पौधा, जिसका फूल सुगंधित तथा पीले व ताँबई रंग का होता है।

गौरव—इज़्ज़त, प्रतिष्ठा, सम्मान, महानता।

गौरैया—घरों में रहनेवाली एक छोटी चिड़िया, जो भूरे रंग की होती है।

ग्रंथ—पुस्तक, किताब।

ग्रह—आकाश के वे पिंड जो सूर्य की परिक्रमा करते हैं। जैसे—बुध, पृथ्वी इत्यादि।

ग्राम—गाँव; किलोग्राम का हज़ारवाँ हिस्सा।

ग्रामीण—गाँव में रहनेवाला।

ग्लोब—पृथ्वी का मॉडल, जिसपर दुनिया का नक़्शा बना होता है।

घ

घ—देवनागरी वर्णमाला तथा कवर्ग का चौथा व्यंजन।

घंटा—बड़ी घंटी, घड़ियाल; साठ मिनट का समय।

घटा—घने काले बादलों का समूह, छाए बादल, उमड़ते हुए बादल।

घनघोर—बहुत घना, बहुत गहरा; घनिष्ठ, आत्मीय।

घपला—हेरा-फेरी, गड़बड़, गोल-माल।

घबराना—बेचैन होना, परेशान होना, व्याकुल होना।

घमासान—भीषण, भयंकर, विकट।

घमौरी—पसीने के कारण गरमी के मौसम में शरीर पर निकलनेवाले छोटे-छोटे दाने, अम्हौरी।

घरेलू—घर से संबंधित।

घरौंदा—रेत या मिट्टी का घर, जिसे बच्चे खेलने के लिए बनाते हैं।

घाघरा—लहँगा।

घाटी—दो पहाड़ों के बीच का रास्ता, दर्रा, पास।

घास-पात—घास-फूस, खर-पतवार।

घिन—नफ़रत, घृणा।

घिया—लौकी।

घिरनी—चरखी।

घुटन—साँस घुटने जैसा महसूस होना।

घुड़कना—डाँटना, डाँट-डपट करना, धमकाना।

घुड़की—धमकी, डपट।

घूँट—जल या किसी तरल पदार्थ की वह मात्रा, जो गले से नीचे एक बार में उतारी जा सके।

घूमना—इधर-उधर चलना या टहलना, सैर करना।

घूरा—कूड़े-करकट का ढेर।

घोड़ा—एक चौपाया जानवर, जो गदहे से बड़ा होता है और सवारी आदि के काम आता है।

घोर—भयंकर, भयानक।

च

च—देवनागरी वर्णमाला में चवर्ग का पहला व्यंजन।

चंगुल—पकड़, नियंत्रण।

चंडी—देवी दुर्गा का एक रूप।

चंपत—ग़ायब, लुप्त, रफ़ू-चक्कर होना।

चकमक—एक पत्थर जिसपर चोट करने से बहुत जल्दी आग निकलती है।

चकला—रोटी बेलने का लकड़ी या पत्थर का गोल-पाट।

चकित—हैरान, अचंभित।

चक्का—पहिया।

चक्र—पहिया।

चटक—चटकीला, भड़कीला।

चटकनी—किवाड़ बंद करने की कुंडी, सिटकनी, चटखनी।

चटपट—चटपटा, मज़ेदार, मिर्च-मसालेदार।

चढ़ावा—पूजा में देवता को अर्पण की जानेवाली वस्तुएँ।

चतुर—कुशल, प्रवीण, दक्ष, होशियार, बुद्धिमान्।

चतुर्थ—चौथा, चौथे क्रम का।

चतुर्थी—किसी महीने के कृष्ण या शुक्ल-पक्ष की चौथी तिथि।

चतुर्भुज—रेखागणित में चार भुजाओं से बननेवाला आकार।

चपटा—दबा या बैठा हुआ।

चपत—तमाचा, थप्पड़।

चप्पू—एक ओर से चपटा डंडा, जिससे नाव खेते हैं, डाँड़।

चबेना—चबाकर खाने के लिए भुना हुआ सूखा अनाज, भूँजा।

चमक—चकाचौंध, कौंध, कांति।

चमकना—कौंधना।

चमचम—चमकनेवाली वस्तु; छेने से बनी एक मिठाई।

चमचा—बड़ा चम्मच।

चमड़ी—त्वचा, खाल।

चमत्कार—कोई अनोखा काम या घटना जो आश्चर्य में डाल दे, करामात।

चमेली—एक प्रकार का सफ़ेद और ख़ुशबूदार फूल।

चरण—पैर, पाँव, पग; भाग।

चरपरा—तीखे स्वादवाला, तेज़, तीता।

चरित्र—आचरण, चाल-चलन।

चर्च—ईसाइयों का पूजाघर, गिरजाघर।

चलचित्र—फ़िल्म, सिनेमा, चित्रपट।

चलन—रिवाज़, फ़ैशन, रीति।

चलनी—जिससे आटा, बेसन इत्यादि छाना जाता है, छलनी।

चवन्नी—चार आना, रुपए का चौथाई, पच्चीस पैसे मूल्य का सिक्का।

चश्मा—ऐनक, झरना।

चाँद—चंद्रमा।

चाँदनी—चाँद का प्रकाश।

चाकर—नौकर, सेवक।

चापलूस—अपना काम निकालने के लिए झूठी बड़ाई करनेवाला, ख़ुशामदी, चाटुकार।

चाबी—कुंजी, ताली, चाभी।

चाबुक—कोड़ा, हंटर।

चायदानी—चाय बनाने या रखने का बरतन।

चारा—वह घास-फूस जिसे पशु खाते हैं।

चालक—किसी वाहन को चलाने या हाँकनेवाला, ड्राइवर।

चालाक—धूर्त, चालबाज़।

चालाकी—धूर्तता, चतुराई, होशियारी।

चाव—शौक़, उत्सुकता।

चाह—इच्छा, लालसा, ख़्वाहिश।

चिंघाड़—हाथी के चिल्लाने की आवाज़।

चिंता—मन में होनेवाला भय, कहीं कुछ बुरा न हो जाए।

चिउड़ा—उबले धान को भून-कूटकर बनाया गया चिपटा दाना, चिड़वा।

चिक़—बाँस आदि की तीलियों से बना झँझरीदार परदा।

चिकित्सक—चिकित्सा करनेवाला, डॉक्टर, वैद्य, हकीम।

चिकित्सा—इलाज, दवा-दारू, उपचार।

चिकित्सालय—अस्पताल, दवाख़ाना।

चिड़ियाघर—बाग़-बगीचेवाला वह बाड़ा, जहाँ तरह-तरह के पशु-पक्षी रखे जाते हैं—चिड़ियाख़ाना।

चिड़ीमार—चिड़िया मारनेवाला, बहेलिया।

चित—पीठ के बल पड़ा हुआ, जिसकी पीठ धरती से लगी हो और मुँह-पेट ऊपर की ओर हो।

चितकबरा—जिसमें एक रंग के ऊपर दूसरे रंग के धब्बे हों, रंग-बिरंगा।

चितेरा—चित्र बनानेवाला, चित्रकार।

चित्रकार—चित्र बनाने में कुशल, चितेरा।

चित्रपट—सिनेमा, फ़िल्म।

चिनार—कश्मीर आदि कुछ स्थानों पर पाया जानेवाला कटावदार पत्तोंवाला पेड़।

चिमटा—जलता कोयला, गरम रोटी इत्यादि पकड़ने का धातु से बना दो पत्तियों का उपकरण।

चिराग़—दीपक, दीया।

चिह्न—निशान, पहचान।

चीकट—तेल लगा और गंदा।

चीख़—तेज़ दर्द या डर से निकल पड़नेवाली तीखी आवाज़।

चीड़—एक बहुत लंबा पहाड़ी पेड़।

चीतल—एक हिरण जिसके सींग होते हैं तथा जो चित्तीदार होता है।

चीर—कपड़ा, वस्त्र।

चुंबक—ऐसी धातु जो लोहे को अपनी ओर खींच लेती है।

चुग़ली—पीठ पीछे की गई शिकायत।

चुटकी—उँगली और अँगूठे को बजाने से निकलनेवाली आवाज़।

चुटकुला—छोटी सी मज़ेदार बात, लतीफ़ा।

चुनाव—कई में से किसी एक को चुनने का काम।

चुनौती—कुश्ती या मुक़ाबले आदि के लिए ललकार।

चुभना—किसी नुकीली चीज़ का घुसना या गड़ना।

चुसकी—ओठ से किसी वस्तु को थोड़ा-थोड़ा या सुड़क-सुड़ककर पीना।

चुस्त—तेज़, फुरतीला।

चूज़ा—मुरग़ी का बच्चा।

चूमना—प्यार से ओठों, गाल इत्यादि का चुंबन लेना।

चेक—बैंक के नाम लिखित आदेश-पत्र, जिससे वह धन का भुगतान कर दे।

चेचक—छूत का एक रोग, जिसमें बुख़ार के साथ-साथ सारे शरीर पर दाने निकल आते हैं, शीतला।

चेन—ज़ंजीर।

चेला—शिष्य, छात्र, विद्यार्थी।

चेष्टा—प्रयत्न, कोशिश, यत्न।

चैत—भारतीय पंचांग के अनुसार वर्ष का पहला महीना।

चौक—घर के बीच या आगे चौकोर खुला स्थान, सड़क का वह स्थान जहाँ से चारों ओर सड़कें जाती हैं, चौराहा।

चौका—एक साथ चार, क्रिकेट में गेंद को इतना तेज़ मारना कि गेंद बाउंड्री को छू ले।

चौकी—लकड़ी या पत्थर का चार पायोंवाला चौकोर आसन।

चौथाई—चौथा भाग, चौथा हिस्सा।

चौपट—बिगड़ा हुआ, ख़राब, नष्ट।

चौपाया—चार पैरोंवाले पशु।

चौपाल—खुला या छायादार चबूतरा।

चौमासा—वर्षा के चार महीने—आषाढ़, सावन, भादों, आश्विन।

चौलाई—हरे पत्तोंवाला एक साग जो गरमियों में होता है, चौराई।

चौहद्दी—चारों ओर की हद या सीमा।

छ

छ—देवनागरी वर्णमाला में चवर्ग का दूसरा व्यंजन।

छंद—वर्ण या मात्रा की गिनती के हिसाब से लिखी गई कविता की पंक्ति या पंक्तियाँ।

छक्का—क्रिकेट के खेल में गेंद का बाउंड्री लाइन के पार गिरने पर माना जानेवाला छह रनों का समूह।

छटपटाना—बेचैन होना।

छटा—ख़ूबसूरती, शोभा, सौंदर्य।

छठी—बच्चों के जन्म के छठे दिन होनेवाला संस्कार, सोलह संस्कारों में से एक।

छड़ा—अविवाहित, अकेला।

छतरी—छोटा छाता।

छपाक—पानी में कूदने की छप की आवाज़।

छप्पर—मकान या झोंपड़ी के ऊपर की घास-फूस की छाजन, छपरा।

छम—घुँघरू बजने की आवाज़।

छमाही—छह महीने के बाद होने या आनेवाला।

छलाँग—कुदान।

छल्ला—अँगूठी।

छाँव—छाँह, छाया।

छाछ—मट्ठा, दही को मथकर तैयार किया गया पेय, जिसमें से मक्खन निकाल लिया गया हो।

छात्र—विद्यार्थी।

छात्रालय—छात्रावास, होस्टल।

छाप—किसी वस्तु पर बना या लगा चिह्न, मुहर।

छाया—छाँह, परछाईं, छाँव।

छाला—फफोला, चमड़ा।

छिपकली—रेंगनेवाला एक जंतु, जो घर की दीवारों और छतों पर दिखाई देता है और कीड़े-मकोड़े खाता है, विषतुइया।

छिलका—फल, सब्जी, अनाज इत्यादि के ऊपर की परत।

छिह—घृणा प्रकट करनेवाली ध्वनि या समूह।

छींका—तार या रस्सी का छत से लटका झोलीनुमा

जाल, जिसपर बिल्ली आदि से बचने के लिए खाने-पीने की वस्तु रख दी जाती है, सिकहर।

छुईमुई—एक प्रकार का पौधा, जिसकी पत्तियाँ हाथ लगाते सिकुड़ या मुड़ जाती हैं, लाजवंती।

छुट्टी—अवकाश।

छूट—कोई बंधन न होना, रिआयत।

छूत—छूने, छू जाने का भाव, स्पर्श, स्पर्श जनित रोग।

छू-मंतर—छू-छू करते पढ़ा गया मंत्र।

छेना—फटे दूध का पानी निचोड़ देने पर बच रहनेवाला पदार्थ, पनीर।

छेनी—लोहे का वह उपकरण जिससे लोहा, पत्थर इत्यादि काटे जाते हैं।

छोर—सिरा, किनारा।

छौंकना—बघारना, तड़का देना, छौंक लगाना।

छौना—सुअर, हिरण या खरगोश का छोटा बच्चा, शावक।

ज

ज—देवनागरी वर्णमाला में चवर्ग का तीसरा व्यंजन।

जंग—लड़ाई या युद्ध।

जँगला—खिड़की।

जंगली—जंगल में मिलने या पैदा होनेवाला, अकृषित।

जंतर-मंतर—जादू-टोना, तंत्र-मंत्र, टोना-टोटका।

जंतु—छोटे-बड़े जीव, प्राणी।

ज़ख़्म—चोट, घाव।

जग—दुनिया, संसार, विश्व, जगत्।

जगत्—जग, दुनिया, संसार, विश्व।

जज—न्यायाधीश, न्यायमूर्ति।

जटा—उलझे और चिपके हुए लंबे बाल।

जड़—पेड़-पौधों का वह भाग जो ज़मीन के भीतर रहता है, मूल।

जत्था—गिरोह, समूह।

जन—लोग, मनुष्य, व्यक्ति।

जनक—जन्म देनेवाला, पिता, सीता के पिता।

जनगणना—किसी देश में रहनेवाले मनुष्यों की गिनती, जो भारत में प्रत्येक दस वर्षों के बाद होती है।

जनता—सामान्य लोग, आम लोग।

जननी—जन्म देनेवाली, माँ, माता।

जनपद—ज़िला।

जन्म-दिन—जन्म का दिन।

जबड़ा—मुँह में ऊपर-नीचे की हड्डियाँ, जिसमें दाँत जड़े होते हैं।

जमघट—लोगों की भीड़, जमावड़ा।

ज़मीन—धरती, भूमि।

जम्हाई—पूरा मुँह खोलकर साँस लेने और छोड़ने की सहज क्रिया।

जयंती—किसी महापुरुष का जन्म-दिन।

जय—जीत, विजय, शत्रु को हराना।

जलचर—पानी में रहनेवाले जीव-जंतु।

जलवायु—किसी जगह की हवा, पानी, सर्दी-गरमी इत्यादि का मिला-जुला प्रभाव, आबोहवा।

जलाशय—तालाब, पोखर, सरोवर।

जलूस—शोभा-यात्रा, जुलूस।

जवान—युवा, तरुण।

ज़हर—विष।

जाँच—खोजबीन, परीक्षण।

जादू—हाथ की सफाईवाले आश्चर्यजनक काम।

जादूगर—जादू दिखाने या करनेवाला।

जान—प्राण।

जान-माल—प्राण और धन।

जानवर—पशु।

जामुन—एक खट्टा-मीठा बैंगनी रंग का फल।

जार—शीशे या चीनी मिट्टी आदि का बना ढक्कनदार बरतन, जिसमें अचार-मुरब्बा आदि रखे जाते हैं।

जासूस—छिपे तौर पर सूचना एकत्र करनेवाला।

जिज्ञासा—जानने की इच्छा।

ज़िद—हठ।

जिह्वा—जीभ, ज़बान।

जी—मन, हृदय, दिल।

जीन—घोड़े की पीठ पर रखी जानेवाली गद्दी।

जीविका—जीवन निर्वाह के लिए किया जानेवाला कार्य।

जुगनू—एक पतंगा, जो रात में उड़ते हुए अपनी दुम से रोशनी निकालता है, भगजोगनी।

जोंक—पानी का एक जंतु, जो प्राणियों की देह में चिपककर उसका ख़ून चूसता है।

जोकर—सर्कस या नाटक में हँसानेवाला पात्र, मसख़रा, विदूषक।

जोड़—जोड़ने की क्रिया, संधि; गणित में जोड़-घटा आदि।

जोड़ा—संख्या में दो, दो का भाव।

ज्ञान—बोध, जानकारी।

ज्ञानी—जिसे ज्ञान हो, जानकार।

ज्योति—प्रकाश, रोशनी, उजाला, आलोक।

ज्योतिष—वह विद्या जिसके द्वारा ग्रहों-नक्षत्रों की दूरी, गति तथा मानव जीवन पर उसका प्रभाव देखा जाता है।

ज्योतिषी—ज्योतिष का जानकार, भविष्य बतानेवाला।

ज्वर—बुख़ार, ताप।

झ

झ—देवनागरी वर्णमाला में चवर्ग का चौथा व्यंजन।

झटका—झोंके के साथ दिया गया धक्का।

झड़ी—लगातार वर्षा।

झपकी—थोड़ी देर की हलकी नींद।

झपटना—किसी चीज़ को किसी से ज़बरदस्ती ले लेना, छीनना।

झरना—पहाड़ से नीचे गिरनेवाला पानी का सोता।

झलक—ज़रा सा दिखलाई पड़ना।

झाँकी—किसी घटना, दृश्य इत्यादि का चित्र या मूर्ति बनाकर दिखाया गया रूप।

झाड़—बड़ी झाड़ी, झाड़-फूँक, तंत्र-मंत्र, ओझाई।

झालर—लटकता हुआ, कटावदार या कढ़ाई किया हुआ किनारा।

झिल्ली—खाल की बहुत पतली तह।

झींगा—एक छोटी मछली, जिसके मुँह और पूँछ पर छोटे बाल होते हैं।

झींगुर—एक छोटा कीड़ा, जो अँधेरे में रहकर झीं-झीं की आवाज़ करता है।

झोला—कपड़े, किरमिच आदि का थैला।

ट

ट—टवर्ग का पहला व्यंजन।

टखना—एड़ी के ऊपर निकली हुई हड्डी की गाँठ।

टट्टी—पाख़ाना।

टमटम—ऊँचे-ऊँचे दो पहियों की खुली गाड़ी, जिसमें एक या दो घोड़े जोते जाते हैं।

टाँका—सीवन, घाव की सिलाई, जोड़।

टापू—चारों ओर पानी से घिरा हुआ ज़मीन का छोटा या बड़ा भाग।

टिकट—काग़ज़ का पतले गत्ते का चौकोर टुकड़ा, जिसे ख़रीदकर रेल, बस, सिनेमा इत्यादि में प्रवेश कर सकते हैं।

टिकिया—गोल और चिपटा छोटा टुकड़ा।

टीका—मस्तक पर चंदन या रोली आदि का बनाया गया निशान, तिलक।

टेक—ओट, सहारा, टीला, हठ।

टेबल—मेज़, सारिणी।

टेलीग्राम—तार द्वारा भेजी गई ख़बर।

टोकरी—डलिया, डाली।

टोली—कुछ लोगों की मंडली, दल।

ठ

ठ—देवनागरी वर्णमाला में टवर्ग का दूसरा व्यंजन।

ठटरी—हड्डियों का ढाँचा, कंकाल।

ठठेरा—धातु को पीटकर उसके बरतन बनानेवाला, कसेरा।

ठहाका—ज़ोर की हँसी।

ठाकुर—भगवान्, ईश्वर, क्षत्रियों की उपाधि।

ठिकाना—रहने या ठहरने की जगह।

ठेंगा—हाथ का अँगूठा।

ठेला—सामान ढोने की विशेष तरह की गाड़ी, जिसे ढकेलकर चलाते हैं।

ठेस—चोट।

ड

ड—देवनागरी वर्णमाला में टवर्ग का तीसरा व्यंजन।

डंक—बिच्छू, भिड़, मधुमक्खियों इत्यादि का जहरीला काँटा।

डंका—एक प्रकार का नगाड़ा।

डंडी—छोटी और पतली लकड़ी, डंडा।

डकैत—डाका डालनेवाला, डाकू, लुटेरा, लुटैत।

डग—क़दम, दोनों पैरों के बीच का अंतर।

डब्बा—डिब्बा, ढक्कनदार एक छोटा पात्र।

डरपोक—डरनेवाला, कायर।

डलिया—छोटी टोकरी।

डाक—चिट्ठी, पत्र-पत्रिका आदि एक स्थान से दूसरे स्थान पर पहुँचाना।

डाकिया—डाक पहुँचानेवाला।

डायरी—वह पुस्तिका जिसमें दैनिक कार्यों का विवरण हो, दैनंदिनी, दैनिकी, रोजनामचा।

डेग—खाना पकाने का ताँबे या जस्ते का बड़ा बरतन, देग।

डैडी—पिता, अब्बा, बाप।

डैना—चिड़ियों के पंख, जिसके सहारे वे उड़ते हैं।

डोंगी—छोटी नाव।

ड्रामा—नाटक।

ढ

ढ—देवनागरी वर्णमाला में टवर्ग का चौथा व्यंजन।

ढकना—ढाँकना, किसी बरतन को ढकनेवाला पात्र।

ढलान—ऊपर से नीचे की ओर ज़मीन या रास्ते का ढलते जाना, रपटा।

ढहना—मकान आदि का गिरना।

ढाई—दो और आधे का जोड़, अढ़ाई।

ढाक—पलाश; बड़ा ढोल।

ढिंढोरा—वह ढोल या बाजा जिसे बजाकर किसी

बात की सूचना दी जाती हो, डुग्गी।

ढोंग—ढकोसला, पाखंड, छल।

ढोर—गाय, बैल, भैंस इत्यादि जानवर, मवेशी।

ढोल—चमड़े से मढ़ा हुआ एक प्रसिद्ध बाजा।

त

त—देवनागरी वर्णमाला में तवर्ग का पहला व्यंजन।

तंतु—धागा, डोरा, सूत, सितार इत्यादि बाजों का ताँत या तार; मकड़ी का जाला।

तंदूर—भट्ठी की तरह का रोटी पकाने का गोल चूल्हा।

तंबाकू—एक प्रसिद्ध पौधा जिसके पत्ते और डंठल हलके नशे के लिए मुँह में रखे जाते हैं या हुक्के, चिलम, सिगरेट इत्यादि में पिए जाते हैं।

तंबू—मोटे कपड़े से घेरकर खुले स्थान पर बनाई हुई रहने की जगह, शामियाना।

तकरार—विवाद, बहस, हुज्जत, झगड़ा।

तकली—सूत कातने का एक छोटा उपकरण जो हाथ से चलाया जाता है।

तट—किनारा, तीर, क्षितिज।

ततैया—भिड़, बर्र।

तन—शरीर, देह, जिस्म।

तपाक—उत्साह, जोश।

तपोवन—तपस्वी लोगों के रहने तथा तपस्या करने का वन, आश्रम।

तमाशा—खेल, मनोरंजक दृश्य।

तमोली—पान लगाने और बेचनेवाला।

तरकश—तीर रखने की थैली या चोंगा।

तरबूज़—बलुई ज़मीन पर फैलनेवाली एक लता का रसदार फल, जो आकार में गोल तथा मीठा होता है।

तरल—ऐसा पदार्थ जो बह सके, द्रव, जैसे—पानी, तेल इत्यादि।

तरु—वृक्ष, पेड़, दरख़्त।

तरुण—नवयुवक, युवा, जवान।

तल—पेंदा, सबसे नीचे का भाग, सतह।

तलवा—खड़े होने या चलने पर पृथ्वी की सतह पर पड़नेवाला पैर का भाग।

तलाश—खोज, चाह, आवश्यकता, ज़रूरत।

तह—परत, तल, पेंदा, किसी वस्तु के नीचे का विस्तार, गहराई।

तहख़ाना—वह कमरा, कोठरी या गोदाम जो ज़मीन के अंदर बना हो, तलगृह।

ताँगा—एक घोड़े से खींची जानेवाली दो पहिए की गाड़ी, टाँगा।

ताज़ा—हरा-भरा, जो सूखा या मुरझाया न हो, जो पुराना न हो, जैसे—ताज़ा समाचार, जो अभी-अभी तैयार किया गया हो; जैसे—ताज़ा भोजन।

ताना—व्यंग्य, व्यंग्यवाली बात, चुभती बात; कपड़े की बुनाई में लंबाई में फैलाया हुआ सूत।

ताप—गरमी, उष्णता।

तापमान—वह माप जो यह बताती है कि शरीर या किसी वस्तु में कितनी गरमी है।

तारकोल—पत्थर के कोयले से निकाला हुआ एक गाढ़ा काला पदार्थ जो सड़क आदि पर लेप के रूप में लगाया जाता है, कोलतार, डामर, अलकतरा।

तारामंडल—तारों का समूह।

ताल—बड़ा तालाब, सरोवर, पोखरा।

तिकोना—जिसमें तीन कोने हों, त्रिकोण; समोसा।

तिजोरी—लोहे की मज़बूत अलमारी, जिसमें गहने, रुपए-पैसे तथा महत्त्वपूर्ण काग़ज़ आदि रखे जाते हैं।

तिथि—मिति, तारीख़, दिनांक।

तिपहिया—जिसमें तीन पहिए लगे हों, तीन पहियोंवाला।

तिपाई—तीन पैरों का स्टूल।

तिल—तिल नामक पौधे से मिलनेवाला काले या सफ़ेद रंग का दाना, जिससे तेल निकाला जाता है; शरीर पर जन्म से होनेवाला काले रंग का एक दाग़।

तिलक—माथे पर लगाए जानेवाला टीका।

तिलचट्टा—एक कीड़ा, जो सीलन भरी गंदी और अँधेरी जगहों में रहता है, कॉक्रोच।

तीतर—मुरग़ी जैसा एक पक्षी, जो काफ़ी तेज़ दौड़ता है।

तीर्थ—वह पवित्र धार्मिक स्थान जहाँ धर्मभाव से लोग यात्रा, पूजा, स्नान इत्यादि के लिए जाते हों।

तीली—दियासलाई की मसाला लगी सींक, साइकिल के पहिए में लगी लोहे की पतली-पतली सलाइयाँ।

तीव्र—तेज़, वेगवान्, शीघ्रगामी।

तुरंत—अभी, इसी समय, फ़ौरन, झटपट।

तुलसी—एक प्रसिद्ध पौधा, जो हिंदुओं द्वारा पवित्र माना जाता है, तुलसा, बृंदा।

तुला—तराजू, काँटा।

तूफ़ान—भयंकर आँधी, उपद्रव, उत्पात।

तेंदुआ—विडाल जाति का एक खूँख़ार और मांसाहारी जानवर, जिसकी खाल पर मटमैले और भूरे रंग की चित्तियाँ होती हैं।

तेज़—होशियार, तीव्र बुद्धि, कुशाग्र, पैना, तीखी धारवाला।

तेल—बीजों से निकाला जानेवाला एक तरल पदार्थ; ज़मीन से निकाला जानेवाला खनिज तरल पदार्थ; जीवों की चरबी से निकाला जानेवाला तरल।

तोंद—पेट का आगे निकला बढ़ा हुआ भाग।

तोतला—तुतलाकर या अस्पष्ट बोलनेवाला।

तोप—युद्ध में गोलाबारी करने का एक प्रसिद्ध अस्त्र।

तोरई, तोरी—बेलों पर लगनेवाली पतले लंबे फलों की एक हरी सब्ज़ी, तुरई।

तौल—वज़न, भार।

तौलिया—एक विशेष तरह का मोटा अँगोछा, जो हाथ और बदन आदि पोंछने के काम आता है।

त्योहार—वह दिन जब कोई धार्मिक या राष्ट्रीय उत्सव मनाया जाए।

त्रिकोण—तीन कोनेवाला आकार, त्रिभुज।

त्रिभुज—जिसमें तीन भुजाएँ हों, त्रिकोण।

त्रिशूल—एक अस्त्र जिसके सिर पर तीन नोक होते हैं, शिव का अस्त्र।

त्वचा—शरीर का चमड़ा, चमड़ी, खाल।

थ

थ—देवनागरी वर्णमाला के तवर्ग का दूसरा व्यंजन।

थकावट—निरंतर कार्य करने से आनेवाली शिथिलता, ढीलापन, सुस्ती।

थपकी—हलके हाथ से थपथपाना, थपथपाकर बच्चे को सुलाना आदि।

थमना—रुकना, चालू न रहना।

थमाना—देना, पकड़ाना।

थरथराना—भय या सर्दी के कारण थर-थर काँपना।

थल—धरती, स्थल, ज़मीन।

थाह—गहराई की सीमा।

थिएटर—वह भवन जहाँ नाटक आदि खेले जाते हैं, रंगशाला।

थोक—ढेर, राशि, समूह।

थोथा—भीतर से खाली या खोखला, जिसमें कोई तत्त्व या सार न हो।

द

द—देवनागरी वर्णमाला के तवर्ग का तीसरा व्यंजन।

दंग—हैरान, चकित, हक्का-बक्का, आश्चर्यचकित।

दंगल—पहलवानों की इनामी कुश्ती।

दंड—जुरमाना; डंडा।

दंत—दाँत; पठार।

दंतवलु—दाँतों का ऊपरी सख़्त खोल, इनमेल।

दंभ—अहंकार, झूठा घमंड।

दंश—दाँत से काटना, डंक मारना।

दक्ष—निपुण, कुशल, प्रवीण, होशियार, चतुर।

दक्षिण—उत्तर के सामने की दिशा, दक्खिन, बायाँ का उलटा, दाहिना।

दढ़ियल—जो दाढ़ी रखे हो, दाढ़ीवाला।

दबाव—दबाना, दाब, प्रभाव।

दबोचना—किसी को पकड़कर दबा लेना।

दब्बू—दबनेवाला, जो दूसरों से दब जाए।

दम—साँस, श्वास।

दमकल—आग बुझानेवाली गाड़ी।

दया—अनुकंपा, रहम।

दयालु—जो दूसरों पर दया करे।

दर—द्वार, दरवाज़ा, दहलीज़; भाव, रेट, मूल्य।

दरगाह—किसी फ़कीर का मकबरा, मज़ार, समाधि।

दरबान—दरवाज़े या फ़ाटक पर पहरा देनेवाला, द्वारपाल।

दरार—लंबा-पतला छेद, किसी चीज़ के कटने के कारण बनी ख़ाली जगह।

दरिद्र—निर्धन, कंगाल, ग़रीब।

दर्जन—बारह वस्तुओं का समूह।

दर्जा—ओहदा, पद; कक्षा, वर्ग, क्लास, श्रेणी।

दर्द—तकलीफ़, पीड़ा।

दर्पण—आईना, शीशा।

दर्शक—देखनेवाला, द्रष्टा।

दल—पार्टी, समूह, झुंड, खंड, भाग; पत्ता, पत्र।

दलिया—दला हुआ अनाज।

दवाख़ाना—औषधालय, दवाईघर, दवा मिलने की जगह।

दवात—स्याही रखने का बरतन, मसिपात्र, इंकपॉट।

दशक—दस वर्षों का समूह।

दशहरा—क्वार (आश्विन) के शुक्ल-पक्ष की दसवीं तिथि, जिस दिन राम ने रावण को मारा थां उस दिन 'दशहरा' त्योहार मनाया जाता है, विजयादशमी।

दशा—अवस्था, हालत, स्थिति।

दस्त—पतला पाखाना; नष्ट, बर्ख़ास्त।

दस्तक—आगमन की सूचना, दरवाजा खटखटाना।

दहाड़—शेर, बाघ इत्यादि का ज़ोर से गर्जन।

दहेज—वह धन या सामान जो विवाह के समय कन्यापक्ष की ओर से वर या वरपक्ष को दिया जाता है।

दाई—बच्चों की देख-रेख करनेवाली, धाय; नौकरानी, मजदूरनी, महरी।

दाख़िला—प्रवेश, एडमिशन।

दाग़—धब्बा, चित्ती, निशान, कलंक, लांछन।

दाढ़—चौभड़, चौभर, चहुआ।

दाद—दिनाय, दिनाई, दद्रु।

दानव—राक्षस।

दाना—अनाज का एक बीज; किसी सतह पर छोटे-छोटे उभार।

दायरा—घेरा, वृत्त।

दालमोठ—दालों का तला हुआ चटपटा नमकीन।

दास—ग़ुलाम, नौकर, चाकर, सेवक।

दासी—नौकरानी, सेविका।

दाहिना—दायाँ।

दिनांक—तारीख़।

दिमाग़—बुद्धि, मस्तिष्क, भेजा, सिर का गूदा।

दिलचस्प—मनोरंजक, रोचक।

दिवस—दिन, दिन विशेष, जैसे—गणतंत्र दिवस।

दिवार—दीवाल, भीत।

दिवाली—दीपावली, दीवाली।

दिशा—क्षितिज के चार माने हुए भाग—पूरब, उत्तर, दक्षिण, पश्चिम; तरफ़, ओर।

दीक्षा—गुरुमंत्र, शिक्षा।

दीप—दीया, दीपक, चिराग़।

दीपक—दीया, चिराग़, दीप।

दीमक—चींटी जैसा एक सफ़ेद कीड़ा, जो लकड़ी, कागज़, कपड़े इत्यादि को खाकर खोखला कर देता है।

दीया—चिराग़, दीप, दीपक।

दीवार, दीवाल—मिट्टी या ईंट-सीमेंट आदि से खड़ी की गई रचना, जिसपर छत डालते हैं या जो परदे का काम करती है, भीत, भित्त, भित्ति।

दुःख—मानसिक पीड़ा या कष्ट, व्यथा, तकलीफ़।

दुबकना—सिमटकर छिप जाना।

दुम—पूँछ, पुच्छ; पिछलग्गू।

दुर्ग—क़िला, गढ़, कोट।

दुर्गम—न जाने या चलने योग्य, अटपटा।

दुर्घटना—बुरी घटना, अशुभकर घटना।

दुर्बल—कमज़ोर, निर्बल, दुबला, दुबला-पतला।

दुर्लभ—(दुः+लभ)—कठिनाई से मिलनेवाला, मुश्किल से प्राप्त होनेवाला।

दुलहन—वह युवती जिसकी शादी होनेवाली हो, जिसका विवाह अभी-अभी हुआ हो, नववधू।

दुशाला—मोटी या दोहरी ऊनी चादर।

दूत—संदेश लाने और ले जानेवाला, संदेशवाहक।

दूब—एक ख़ास तरह की मुलायम घास।

दूरदर्शन—टेलीविज़न।

दूरदर्शी—दूर तक देखनेवाला, दूर की सोचनेवाला।

दूरबीन—दूर की वस्तुएँ साफ़ देखने का यंत्र, दूरदर्शक यंत्र।

दूरी—अंतर, फ़ासला।

दूल्हा—वह युवक जिसका विवाह होनेवाला है, वह युवक जिसका विवाह अभी-अभी हुआ हो, वर।

दूसरा—क्रम में नंबर दो, द्वितीय; और कोई, अन्य, पराया, ग़ैर।

दृढ़—अटल, पक्का, मज़बूत, अटूट।

दृश्य—जो आँखों से दीखे, नज़ारा।

दृष्टि—नज़र, निगाह।

देव, देवता—हिंदू धर्म के अनुसार वे अमर प्राणी जो स्वर्ग लोक में रहते हैं तथा जो बूढ़े नहीं होते, सुर।

देवी—देवताओं की स्त्रियाँ; महिलाओं के नामों के साथ जोड़ा जानेवाला शब्द।

देहांत—मौत, मृत्यु, स्वर्गवास।

दैनिक—रोज़-रोज़ का, प्रतिदिन का, हर रोज़ होनेवाला।

दोमट—वह मिट्टी जिसमें आधा भाग रेत हो और आधा भाग चिकनी मिट्टी।

दोष—बुरी बात, ख़राबी, ऐब, अवगुण, कुसूर, अपराध, त्रुटि, जुर्म।

दौर—हुकूमत, शासन, बारी-बारी, अवधि द्वारा, जरिए, मारफ़त।

द्वीप—चारों ओर से पानी से घिरी ज़मीन, टापू।

ध

ध—देवनागरी वर्णमाला के तवर्ग का चौथा व्यंजन।

धक्का—टक्कर, नुकसान, आघात।

धड़—कमर से कंधे तक का शरीर; तना (पेड़ का)।

धड़कन—दिल की धकधक।

धड़ाम—ऊपर से कूदने या गिरने की आवाज़।

धन-दौलत—रुपया-पैसा।

धनवान्—धनी, दौलतमंद।

धनहीन—निर्धन, ग़रीब।

धनिया—एक पौधा और उसका बीज, जो मसाले और दवा के रूप में काम आता है।

धन्यवाद—किसी के द्वारा किसी अन्य के लिए कुछ काम करने के बाद उस अन्य व्यक्ति द्वारा कहा जानेवाला शब्द, शुक्रिया, आभार या कृतज्ञतासूचक शब्द।

धब्बा—दाग़, निशान, कलंक।

धमकी—घुड़की, डाँट-डपट, डराने के लिए कही गई बात।

धमाका—तोप छूटने, बम फटने या बंदूक छूटने आदि की तेज़ आवाज़।

धरा—पृथ्वी, ज़मीन, धरती।

धरातल—सतह, पृथ्वीतल।

धराशायी—ज़मीन पर गिरा हुआ।

धर्म—मज़हब, कर्तव्य, प्रकृति, स्वभाव, स्वाभाविक गुण।

धर्मशाला—धार्मिक कर्म-कांडों के लिए बना भवन, वह भवन जहाँ यात्री मुफ़्त में रह सकते हों।

धार—किसी औज़ार या हथियार का तेज़ किनारा; धारा, प्रवाह।

धावक—दौड़नेवाला।

धावा—हमला, चढ़ाई।

धुंध—कोहरा, कुहासा।

धुन—गाने की लय, लगन, मौज।

धुरी—केंद्र, जिसपर कोई वस्तु घूमे, अक्ष।

धूप—पूजा या सुगंध के लिए अगर आदि सुगंधित लकड़ी का बुरादा या एक में मिलाई हुई कई सुगंधित चीज़ें; घाम, सूरज की सीधी पड़ रही किरणें।

धूमधाम—ठाट-बाट, शान-शौकत, धूम-धड़क्का।

धूसर—मटमैला, धूल के रंग का, ख़ाकी।

धोती—पुरुषों द्वारा कमर में बाँधा जानेवाला एड़ी तक का एक अनसिला कपड़ा एवं स्त्रियों में ऊपर सिर या कंधों तक और नीचे एड़ी तक रहनेवाला कपड़ा।

ध्यान—याद, स्मरण, मन।

ध्वजा—झंडा, पताका।

न

न—देवनागरी वर्णमाला के तवर्ग का पाँचवाँ और अंतिम व्यंजन।

नंगा—जो कपड़ा न पहने हो, खुला, जो ढका न हो।

नंबर—अंक, परीक्षांक, संख्या।

नक़्शा—मानचित्र।

नक्षत्र—चंद्रमा के रास्ते में पड़नेवाले विशेष तारे, जिनकी संख्या सत्ताईस है; भाग्य, क़िस्मत।

नगद—नक़्द।

नगर—शहर, बड़ी आबादी वाला स्थान।

नग्न—नंगा, बिना कपड़े का।

नज़र—निगाह, दृष्टि।

नथ—बाली की तरह का नाक का गहना, नाक में

पहनने का छल्ला, नथिया।

ननिहाल—नाना का घर, ननसार, ननसाल।

नन्हा—छोटा।

नभ—आसमान, आकाश, शून्य।

नम—गीली, भीगी।

नमस्कार—नमस्ते, प्रणाम, अभिवादन।

नमूना—देखने-परखने के लिए थोड़ा अंश; आदर्श मॉडल।

नयन—आँख, नेत्र।

नर—मर्द, पुरुष।

नरम—कोमल, मुलायम, जो कठोर न हो, लचीला।

नली—धातु, प्लास्टिक या रबर आदि की विशेष प्रकार की पतली और पोली चीज़।

नवमी—अँधेरे या उजाले पखवारे का नौवाँ दिन।

नवयुवक—नौजवान।

नवयुवती—जवान लड़की, तरुणी।

नवीन—नया, नूतन।

नशा—वह वस्तु जिससे नशा हो, मादक द्रव्य, होश में न रहने की स्थिति; लत, इल्लत, बुरी आदत।

नष्ट—जिसका नाश हो गया हो, समाप्त।

नाकाम—असफल।

नाग—साँप; हाथी; पर्वत।

नागफनी—छोटे काँटेदार पौधों की एक जाति, कैक्टस।

नागरिक—किसी देश का वह व्यक्ति जिसे वहाँ के राजनीतिक अधिकार प्राप्त हों।

नाज़ुक—कोमल, सुकुमार, कमज़ोर।

नाटा—छोटा, छोटे क़दवाला, ठिगना।

नाता—रिश्ता, संबंध।

नाना—तरह-तरह का, अनेक प्रकार का; माँ के पिता।

नाभि—पेट के बीच का छोटा सा गड्ढा, तुंडी, ढोंढ़ी।

नायक—नेता, अगुआ, सरदार; नाटक या फ़िल्म का मुख्य पात्र, हीरो।

नायिका—किसी फ़िल्म या नाटक का मुख्य स्त्री पात्र, हीरोइन।

नारंगी—संतरा, पीला-लाल मिला रंग, संतरी।

नाविक—नाव खेनेवाला, मल्लाह, माँझी।

नाशक—नाश करनेवाला (दवा आदि)।

निंदा—बुराई, बदनामी, शिकायत।

निकट—पास, समीप, नज़दीक।

निकाह—विवाह।

निगाह—नज़र, दृष्टि।

निजी—अपना, ख़ुद का, व्यक्तिगत।

निपुण—होशियार, चतुर, कुशल, माहिर।

निबंध—लेख, संलग्नता; बंधन।

नियत—निश्चित, तय किया हुआ।

निरक्षर—अनपढ़, अशिक्षित।

निराश—जिसे कोई आशा न हो, नाउम्मीद।

निराहार—बिना आहार का, भूखा।

निर्जन—सुनसान, जहाँ कोई आदमी न हो।

निर्दय—जिसमें दया न हो, बेरहम, कठोर।

निर्मल—बिना मैल का, साफ़, स्वच्छ।

निर्माण—बनाना, रचना।

निर्मोही—जिसके मन में मोह या ममता न हो।

निर्यात—देश के बाहर माल भेजना।

निर्वाचन—चुनाव, इलेक्शन।

निर्वाह—गुज़ारा, गुज़र-बसर।

निवास—घर, मकान, रहना।

निष्कर्ष—नतीजा, परिणाम, सार, निचोड़।

नीचा—जो ऊँचा न हो, कम ऊँचाईवाला।

नीरोग—बिना रोग का, तंदुरुस्त, स्वस्थ।

नूतन—नवीन, नया।

नेत्र—आँख, नयन।

नोटिस—सूचना, सूचना-पत्र।

नौका—नाव, पोत।

नौसेना—जल सेना, नेवी।

न्याय—इनसाफ, ठीक फ़ैसला, सही निर्णय।

न्यारा—अद्‌भुत, अनोखा, निराला, सबसे अलग।

न्यून—कम, थोड़ा, अल्प।

प

प—देवनागरी लिपि के पवर्ग का पहला व्यंजन।

पंखुड़ी, पँखुरी—फूल का दल, पँखड़ी।

पंगु—जो पैर से चल न सके, लँगड़ा।

पंच—पाँच, दूसरों के झगड़ों को निपटानेवाला।

पंछी—चिड़िया, पक्षी।

पंजा—हाथ या पैर के पाँच उँगलियों का समूह, चिड़ियों के पैर का अगला भाग, जिससे वे कुछ पकड़ती हैं।

पंडित—ब्राह्मण, विद्वान्।

पंथ—रास्ता, मार्ग, पथ।

पंसारी—किराना सामान (नमक-मसाले), औषधियाँ आदि बेचनेवाला।

पकवान—घी या तेल में पका हुआ सादा, मीठा या नमकीन खाद्य पदार्थ।

पक्ष—ओर, तरफ़, पखवाड़ा, कृष्ण या शुक्ल-पक्ष के पंद्रह दिन।

पक्षी—चिड़िया; बाण।

पटरी—रेल लाइन, पटरी।

पटाका, पटाखा—एक प्रकार की आतिशबाज़ी, जिसमें आग लगाने से बड़े ज़ोर की आवाज़ होती है।

पठार—छोटी-छोटी पहाड़ियोंवाली दूर-दूर तक फैली ऊँची पथरीली ज़मीन।

पड़ाव—यात्रा में रुकने की जगह, ठहराव।

पढ़ना—बाँचना, किसी पुस्तक आदि को देखकर उच्चारण करना; शिक्षा पाना।

पतंगा—उड़नेवाला छोटा कीड़ा, पतिंगा।

पतन—गिरना, गिरावट, अवनति।

पतलून—पैंट।

पतवार—नाव के पीछे लगा तिकोना डंडा, जिससे दिशा बदलते हैं।

पता—ठिकाना, जानकारी, ज्ञान।

पताका—झंडा; निशान, प्रतीक।

पति—मर्द, आदमी, शौहर, स्वामी, मालिक।

पत्ता—पत्ती, पत्र; ताश के कार्ड।

पत्नी—बीवी, धर्मपत्नी, अर्द्धांगिनी, भार्या।

पथ—रास्ता, मार्ग, पंथ, राह।

पथिक—मुसाफ़िर, राही।

पद—ओहदा, दर्ज़ा; पैर, पाँव; एक प्रकार का छंद—जिसमें प्राय: आठ पंक्ति की रचनाएँ की जाती हैं।

पनघट—नदी या तालाब का घाट (किनारा)।

पपीहा—एक प्रकार का पक्षी, जो 'पी-कहाँ' 'पी-कहाँ' की आवाज़ लगाता है, चातक।

परख—जाँच, अच्छे-बुरे की पहचान के लिए परीक्षण, गुण-दोष का पता लगानेवाली दृष्टि।

परचून—चौके का खुदरा सामान।

परदादा—पिता के दादा।

परलोक—वह लोक जहाँ मरने के बाद प्राणी जाता है।

परसना—परोसना; छूना, स्पर्श करना।

परिक्रमा—चारों ओर घूमना, फेरी, चक्कर।

परिणाम—नतीजा, फल।

परिधान—पोशाक, पहनने के कपड़े या वस्त्र।

परिश्रम—श्रम, मेहनत।

परीक्षक—परीक्षा लेनेवाला, परीक्षा की कॉपियाँ जाँचनेवाला।

परीक्षा—इम्तिहान।

परेड—सिपाहियों, सैनिकों या स्काउटों की क़वायद।

परेशान—व्याकुल, सताया हुआ, हैरान।

परोपकार—दूसरों का हित, दूसरों की भलाई।

परदा—घूँघट, आड़, ओट; कपड़े का आवरण।

पर्याय—वही अर्थ देनेवाला दूसरा शब्द, समानार्थी।

पर्यावरण—चारों ओर की हवा, वायुमंडल, परिवेश।

पर्व—त्योहार, मौका।

पर्वत—पहाड़, गिरि।

पलक—चमड़ी का पतला परदा—जिसके गिरने से आँखें मुँद जाती हैं और उठने से खुल जाती हैं; पल भर में, थोड़ी देर में।

पलड़ा—तराजू का पल्ला, पक्ष; पल्ला—किवाड़ के दोनों ओर के हिस्सों में से एक हिस्सा; छोर, आँचल, दामन।

पवित्र—शुद्ध, साफ़, निर्मल।

पश्चिम—सूरज के अस्त होने की दिशा।

पहर—रात-दिन (चौबीस घंटे) का आठवाँ भाग, तीन घंटे का समय, प्रहर।

पागुर—जुगाली, खाए हुए चारे आदि को फिर से मुँह में लाकर चबाना।

पाचक—पकानेवाला, पचानेवाला पाउडर, गोली या बटी।

पाँजी—शैतान, दुष्ट, बदमाश।

पाज़ेब—पैरों में टखने के ऊपर पहनने का एक ज़ेवर, पायल।

पाट—चक्की के ऊपर-नीचे के पत्थर के दो भागों में से कोई एक; फैलाव, इस पार से उस पार तक का विस्तार; पटसन, पटुआ।

पाठ—सबक, पढ़ना।

पाठक—पढ़नेवाला।

पाठशाला—स्कूल, विद्यालय।

पाताल—पृथ्वी के नीचे का लोक।

पात्र—बरतन; योग्य, क़ाबिल; चरित्र।

पाद—पैर, चरण, पाँव।

पादप—पेड़, वृक्ष।

पापड़—मूँग, उड़द, आलू, साबूदाना इत्यादि की बनी मसालेदार गोल चीज़, जिसे तल या सेंककर खाते हैं।

पाबंदी—रोक, ठीक समय से काम करने का बंधन।

पायदान—पैर रखने की जगह, पैर की गंदगी पोंछनेवाली जूट की वस्तु जो दरवाज़े पर रखी जाती है।

पायल—पैरों में पहनने का हलका ज़ेवर।

पालतू—पाला जानेवाला, पाला हुआ।

पावक—आग, अनल, अग्नि।

पिंजरा—बाँस, सींक या लोहे की तीलियों से बना विशेष प्रकार का बक्स, जिसमें चिड़िया और कुछ जानवर रखे जाते हैं।

पिकनिक—घूमने-फिरने और खेलने-कूदने तथा घर के बाहर खाने-पीने की यात्रा।

पितामह—दादा, बाबा, पिता के पिता।

पिस्तौल—तमंचा, छोटी बंदूक, रिवॉल्वर।

पीड़ा—तकलीफ़, दर्द।

पीला—हलदी के रंग का, ज़र्द।

पीहर—मैका, मायका, नैहर।

पुआल—पयास, पुअरा, पैरा।

पुण्य—धर्म का काम।

पुत्र—बेटा, लड़का, लाल।

पुत्री—बेटी, लड़की।

पुरस्कार—पारितोषिक, इनाम।

पुरुष—नर, मर्द।

पुलिया—छोटा पुल, छोटी नदी पर बना छोटा सा पुल।

पुष्प—फूल, सुमन।

पूर्णमासी—शुक्ल पक्ष की अंतिम तिथि, पूर्णिमा।

पूर्व—पूरब दिशा; पहले का, पुराना।

पेड़ा—खोए से बननेवाली एक प्रसिद्ध मिठाई।

पैना—धारदार, तेज़, कुशाग्र, तीक्ष्ण।

पैमाना—नापने या मापने का औज़ार।

पोखर, पोखरा—तालाब।

पोत—पानी का जहाज़, जलयान।

पोता—बेटे का बेटा।

पोती—बेटे की बेटी।

पोथी—किताब, पुस्तक, हस्तलिखित पुस्तक।

पौष—अगहन और माघ के बीच का महीना, पूस।

प्रकाश—उजाला, रोशनी।

प्रखंड—ज़िले का एक भाग, ब्लॉक।

प्रगति—आगे बढ़ना, विकास।

प्रचलन—चलन, रिवाज़।

प्रचुर—बहुत अधिक, काफ़ी, पर्याप्त।

प्रण—प्रतिज्ञा, अटल निश्चय।

प्रणाम—मिलने पर अपने से बड़ों को हाथ जोड़कर नमस्ते करना, नमस्कार, अभिवादन।

प्रतिदिन—हर रोज़, रोज़ाना।

प्रतिमा—मूर्ति, अनुकृति, परछाईं।

प्रतीक्षा—इंतज़ार, राह देखना।

प्रत्येक—हर एक।

प्रदेश—इलाक़ा, क्षेत्र, राज्य, स्टेट।

प्रधान—मुख्य, प्रमुख, सबसे बड़ा, मुखिया।

प्रभात—सुबह, सवेरा, ब्राह्ममुहूर्त।

प्रभाव—असर; सामर्थ्य, शक्ति; उद्भव।

प्रभु—ईश्वर, भगवान्।

प्रमुख—मुख्य, प्रधान।

प्रयत्न—यत्न, कोशिश, चेष्टा, प्रयास।

प्रयत्नशील—प्रयत्न या कोशिश में लगा हुआ।

प्रयास—कोशिश, प्रयत्न।

प्रयोग—व्यवहार, इस्तेमाल, अभ्यास।

प्रवचन—उपदेश।

प्रवास—अपना देश छोड़कर विदेश में रहना।

प्रशंसा—तारीफ़, सराहना, बड़ाई।

प्रसन्नता—ख़ुशी, हर्ष।

प्रसाद—किसी देवी या देवता को चढ़ाई गई चीज़; आशीर्वाद, कृपा।

प्रसार—फैलाव, विस्तार।

प्रसिद्ध—मशहूर, नामी, ख्यातिप्राप्त।

प्रसून—फूल, पुष्प।

प्रहरी—पहरा देनेवाला, चौकीदार, पहरेदार।

प्रहार—मारना, वार, चोट, आघात।

प्रांगण—अहाता, सहन, आँगन।

प्रांत—राज्य, प्रदेश।

प्राण—जान, जीवन।

प्राणी—प्राणवाला, जीव, जीव-जंतु।

प्रायद्वीप—पृथ्वी का वह भाग जो तीन ओर से पानी से घिरा हो।

प्रार्थना—निवेदन, विनती।

प्रिय—प्यारा, हृद्य।

फ

फ—देवनागरी वर्णमाला का पवर्ग के व्यंजनों में दूसरा व्यंजन।

फंदा—रस्सी या तार आदि से बनी फाँसनें की घेरेदार चीज़, जाल, फंदा।

फ़कीर—मुसलमान साधु, मुसलमान भिखारी, ग़रीब आदमी, निर्धन मनुष्य।

फन—साँप का फन; हुनर।

फ़र्ज़—कर्तव्य, कल्पना करना, मान लेना।

फली—पतला दानेदार फल, छीमी।

फ़व्वारा—जिससे पानी की फुहार निकले, फ़ौआरा,

फ़ौवारा, फ़ुहारा।

फ़सल—खेती की पैदावार, उपज।

फाँसी—मौत की सज़ा, मृत्युदंड, रस्सी का फंदा—जिसमें गला फँसाने से दम घुटने लगता है और मौत हो जाती है।

फ़ाक़ा—भोजन न करना, उपवास।

फागुन—माघ और चैत के बीच का महीना, फाल्गुन

फ़ाटक—बड़ा और ऊँचा दरवाज़ा, गेट।

फ़ायदा—लाभ, नफ़ा।

फावड़ा—मिट्टी खोदने और एक तरफ़ फेंकने का उपकरण; फरसा।

फाहा—इत्र आदि लगाने के लिए रुई या कपड़े का टुकड़ा।

फ़िक्र—चिंता, सोच, परवाह।

फ़िरंगी—अंग्रेज़।

फ़िल्म—सिनेमा, चलचित्र।

फ़ीता—सूत या रेशम की पट्टी, जो बाँधने के काम आती है।

फुंसी—चमड़ी पर होनेवाली छोटी फुड़िया।

फुट—बारह इंच की एक नाप।

फुटपाथ—सड़क के दोनों ओर पैदल चलने का रास्ता।

फुरती—चुस्ती, तेज़ी, शीघ्रता।

फुर्र—चिड़ियों के उड़ने या उड़ जाने की ध्वनि।

फुहार—नन्ही-नन्ही बूँदें, महीन बूँदों की झड़ी, झींसी।

फूट—न पटना, न बनना, बिखराव, अलग होना।

फूटना—टूटना, दरकना, दरार पड़ना।

फूस—सूखी घास।

फेन—झाग।

फेफड़ा—छाती का वह अंश, जिससे जीव साँस लेते हैं।

फ़ैशन—नया चलन, ढंग।

फ़ैसला—निर्णय, निश्चय।

फ़ोटो—कैमरे से खींचा गया चित्र, छायाचित्र।

फ्रॉक—लड़कियों और स्त्रियों के पहनने का एक लंबा वस्त्र।

फ्रिज़—किसी भी खाने-पीने की वस्तु को सड़ने से बचाने और बर्फ़ जमाने आदि के लिए काम में आनेवाली अलमारी, जिसका यंत्र बिजली से काम करता हो।

ब

ब—देवनागरी वर्णमाला के पवर्ग का तीसरा व्यंजन।

बँगला—उपवन, खुली जगह में बना एकमंज़िला मकान; बंगाल की भाषा, बंगाल संबंधी।

बंजर—जो उपजाऊ न हो, ऊसर, अनुपजाऊ।

बँटवारा—अलग-अलग होना, अलगाव।

बंडल—गठरी, पुलिंदा।

बंदर—मनुष्य से मिलता-जुलता एक जीव, जो पेड़ों पर चढ़ सकता है, कपि।

बंदरगाह—समुद्र के किनारे की वह जगह जहाँ से जहाज़ आते-जाते हैं।

बंदी—क़ैदी, जो जेल में हो।

बंधन—वह साधन जिससे किसी को बाँधा जाए, पाबंदी, प्रतिबंध।

बंधु—भाई, भ्राता, मित्र, दोस्त।

बंबा—राजबाहा, नदी से सिंचाई हेतु निकाली गई छोटी नहर या नाला; लेटरबॉक्स।

बकरा—चार पैरोंवाला एक छोटा जानवर।

बकवास—बकबक करना, बेकार की बात करना।

बखेड़ा—झंझट, झमेला, लफड़ा।

बगीचा—छोटा बाग़।

बगुला—एक सफ़ेद पक्षी—जिसकी चोंच और टाँग दोनों लंबे होते हैं, बगला।
बग़ैर—बिना।
बचपन—छुटपन, लड़कपन, बाल्यावस्था।
बच्चा—शिशु, लड़का, बालक।
बछड़ा—गाय का नर बच्चा।
बजरी—कंकड़ या पत्थर के छोटे-छोटे टुकड़े।
बज़ाज़—कपड़ा बेचनेवाला।
बटेर—तीतर से मिलती-जुलती एक चिड़िया।
बताशा—चीनी से बनी फूली-फूली एक हलकी मिठाई।
बतख़—हंस से मिलता-जुलता पानी में रहनेवाला एक पक्षी, बत्तक।
बतीसी—बत्तीस दाँतों का समूह, दाँतों का बना सेट।
बदतमीज़—उजड्ड, असभ्य, अशिष्ट।
बदबू—दुर्गंध, कुबास।
बधाई—शुभ अवसर पर हर्ष प्रकट करना, मुबारकबाद।
बधिर—बहरा, जो न सुन सकता हो।
बबूल—एक प्रसिद्ध काँटेदार पेड़, कीकर।
बया—एक छोटी चिड़िया, जिसका घोंसला बहुत सुंदर होता है और पेड़ों पर लटका रहता है।
बरगद—एक बड़ा फैला हुआ पेड़, बड़, वट।
बरछी—छोटा भाला या बरछा।
बर्फ़ीला—बर्फ़ का, बर्फ़ से संपृक्त।
बर्बर—जंगली, असभ्य।
बल—ताक़त, शक्ति।
बलिदान—किसी देवी-देवता के लिए पशु-वध, क़ुरबानी, प्राण देना।
बलिष्ठ—बलवाला, ताक़तवर, बहुत बली।
बली—बलवाला, बलशाली, बलिष्ठ।
बलुआ—बालूवाली ज़मीन, बालू का बना।
बल्ला—क्रिकेट में गेंद मारने का डंडा, बैट।
बल्ली—छोटी या लंबी मोटी लकड़ी।
बसूला—बढ़ई का एक औज़ार, जिससे लकड़ी छीली और काटी जाती है।
बसेरा—रहने का स्थान, निवास।
बस्ता—बच्चों का स्कूल ले जाने का छोटा थैला, जिसमें वे किताब-कॉपी आदि रखते हैं।
बस्ती—घरों का समूह, छोटा गाँव, आबादी।
बहलाना—भुलावा देना।
बही—दूकानदारों या महाजनों का हिसाब लिखने का लंबा रजिस्टर।
बहुमूल्य—क़ीमती, ज़्यादा मूल्यवाला।
बहेलिया—शिकारी, चिड़ीमार।
बाँग—मुरग़े की पुकार।
बाँबी—बिल, साँप का बिल; दीमकों का बनाया मिट्टी का घर।
बाँसुरी—पतले बाँस से बना एक बाजा, जो मुँह से फूँककर बजाया जाता है।
बाइबिल, बाइबल—ईसाइयों का धर्मग्रंथ।
बागान—बाग़।
बाज़ी—शर्त, दाँव।
बाज़ीगर—तरह-तरह के जादू के खेल या करतब दिखानेवाला।
बाट—रास्ता, सामान तौलने का बटखरा।
बाड़—कँटीली झाड़ियों की दीवाल, जो बाग़ या खेत के चारों ओर जानवरों से बचाव के लिए लगाते हैं।
बाड़ा—चारों ओर से घिरी जगह।
बातूनी—बहुत बात करनेवाला।
बारहसिंघा—ऐसा हिरण जिसके सिंगों की कई शाखाएँ होती हैं।
बारूद—एक मसाला जो आग लगाने से आवाज़ करते हुए भड़क उठता है।
बालचर—स्काउट, सामाजिक सेवा के लिए,

प्रशिक्षित लड़के-लड़कियाँ।

बालिका—छोटी लड़की।

बावला—पागल, वातरोगी।

बास—महक, गंध।

बासी—कल का, पुरानी, जो नई न हो।

बाहु—भुजा, बाँह।

बिंदी—स्त्रियों के माथे पर लगा गोल टीका।

बिनोला—कपास का बीज।

बियाबान—उजाड़, सुनसान जंगल।

बिरादरी—भाई-बंधु।

बिल—पैसे चुकाने का माँगपत्र, देयक; संसद् या विधानसभा में पेश किया गया विधेयक; साँप, चूहे आदि के रहने का छेद।

बिलौटा—बिल्ली का बच्चा, नर बिल्ली।

बिसाती—बिसातख़ाने की दूकान का मालिक।

बीट—चिड़ियों का मैला, मल।

बुलबुल—काले रंग की एक चिड़िया।

बुलबुला—बुदबुदा (पानी का), बुल्ला।

बूटा—पेड़, पौधा।

बूटी—दवा के काम आनेवाली जड़ी; कपड़े या काग़ज़ पर बने चौकोर या गोल चिह्न।

बूरा—भूरे रंग की कच्ची चीनी, साफ़ की हुई बहुत सफ़ेद चीनी।

बेगार—बिना पैसा दिए करवाया गया काम।

बेढंगा—बिना ढंग का, बुरे ढंगवाला।

बेहतर—अधिक अच्छा, ज़्यादा अच्छा।

बैंजनी—बैंगनी रंग का, बैंगनी।

बैर—शत्रुता, दुश्मनी।

बैलून—रबर का थैला—जिसमें हवा भरते और उड़ाते हैं, ग़ुब्बारा।

बैसाख—भारतीय पंचांग के अनुसार दूसरा महीना (मार्च-अप्रैल)—जो चैत के बाद तथा जेठ से पहले आता है, वैशाख।

बैसाखी—वैशाख की पूर्णिमा को मनाया जानेवाला एक पंजाबी त्योहार; लँगड़ों के लिए बग़ल में लगाकर चलने की एक विशेष लाठी।

ब्रिटिश—ब्रिटेन या इंग्लैंड से संबंध रखनेवाला, अंग्रेज़ी।

भ

भ—देवनागरी वर्णमाला के पवर्ग का चौथा व्यंजन।

भंडार—भिन्न-भिन्न प्रकार की खाने-पीने की वस्तुएँ रखने का बड़ा कमरा, ख़ज़ाना।

भंडारा—लोगों को (बड़ी संख्या में) खिलाया जानेवाला भोज, लंगर।

भँवर—नदी में तेज़ी से गोल-गोल घूमता हुआ पानी का चक्र, जिसमें फँसकर व्यक्ति, नाव इत्यादि डूब जाते हैं।

भक्त—जो भक्ति करे, मन में श्रद्धा और आस्था की भावना रखनेवाला।

भक्षक—खानेवाला, भक्षण करनेवाला।

भगवा—गेरू जैसा रंग।

भगिनी—बहिन।

भनक—हलकी सी आवाज़, आशंका, आभास।

भयंकर—जिसे देखने से डर लगे, डरावना, भीषण।

भयभीत—डरा हुआ।

भवदीय—आपका (इस शब्द का प्रयोग पत्र के अंत में अपना नाम लिखने से पहले होता है)।

भवानी—दुर्गा, पार्वती।

भविष्य—आगे आनेवाला समय।

भविष्यवाणी—भविष्य में होनेवाली बात को पहले से ही बताना।

भव्य—देखने में बड़ा और सुंदर, शानदार।

भस्म—राख।

भाग—अंश, हिस्सा; गणित में अंकों के बाँटने की क्रिया।
भाग्य—क़िस्मत, तक़दीर, नसीब।
भाटा—समुद्र के पानी का उतार।
भाड़ा—किराया।
भात—पका हुआ चावल।
भार—बोझ, ज़िम्मेदारी, दायित्व।
भिक्षा—भीख।
भिक्षु—भीख माँगनेवाला, भिखारी, साधु, संन्यासी।
भिश्ती—मशक (चमड़े का बड़ा थैला) में पानी ढोनेवाला।
भीनी—हलकी, मंद ख़ुशबू।
भीरु—डरपोक।
भील—एक जंगली जाति।
भीषण—बहुत भयानक, डरावना।
भुगतान—क़ीमत या दाम देना, चुकाना, अदायगी।
भुजंग—साँप।
भुजा—हाथ, बाँह।
भुट्टा—मक्के की हरी कुकड़ी—जिसमें दाने लगे होते हैं, मकई।
भूकंप—धरती के अंदर होनेवाली उथल-पुथल से धरती के ऊपरी हिस्से का ज़ोरों से हिलना, भूचाल, जलजला।
भूखंड—भूमि का एक टुकड़ा।
भूगोल—वह विज्ञान जिसमें पृथ्वी और उसकी प्राकृतिक बनावट के बारे में जानकारी दी जाए।
भूचाल—भूकंप।
भूतपूर्व—जो पहले बीत चुका हो, वर्तमान समय से पहले का, निवर्तमान।
भूमि—ज़मीन, धरती।
भूसा—गेहूँ, जौ इत्यादि के डंठल के बारीक टुकड़े, जो पशुओं के खाने के काम आते हैं।
भेद—फ़र्क, अंतर।
भेष—कपड़े आदि पहनने का ढंग, वेष।
भोंड़ा—भद्दा, बदशक्ल।
भोंपू—एक प्रकार का बाजा—जिसे फूँककर बजाते हैं, तुरही।
भोजनालय—भोजनशाला, रसोईघर।
भोथरा—जिसकी धार कुंद हो गई हो।
भोर—रात बीतने और सूरज निकलने के बीच का समय, सुबह।
भौंरा—भँवरा।
भौंह—भौं, आँख के ऊपरवाले बाल।
भौगोलिक—भूगोल से संबंधित।
भौतिक—वह वस्तु जिसे देखा, सुना, छुआ, चखा या सूँघा जा सके।
भ्रमण—घूमना-फिरना, यात्रा।
भ्राता—भाई।

म

म—देवनागरी वर्णमाला के पवर्ग का पाँचवाँ व्यंजन।
मंगल—सौरमंडल का एक ग्रह; शुभ, कल्याण, भलाई।
मंडप—किसी उत्सव आदि के लिए बनाया गया स्थान।
मंडली—टोली।
मंद—धीमा, सुस्त, हलका।
मकई—एक तरह का अनाज, मक्का।
मक़बरा—वह इमारत जिसमें किसी की लाश दफनाई गई हो, मज़ार।
मकरंद—फूलों का रस, जिसे मधुमक्खियाँ और भौंरे चूसते हैं।
मगर—पानी में रहनेवाला एक जंतु, मगरमच्छ; परंतु, लेकिन का पर्याय।

मछुआ—मछली पकड़नेवाला, मछुआरा।

मज़बूर—लाचार, विवश।

मज़ार—समाधि, मक़बरा।

मटमैला—मिट्टी के रंग का, खाकी रंग का।

मट्ठा—पानी मिला हुआ दही—जिसमें से मथकर घी निकाल लिया गया हो, छाछ।

मठ—जहाँ साधु-संन्यासी रहते हों, आश्रम।

मणि—क़ीमती पत्थर, रत्न।

मत—राय, विचार, सम्मति; चुनाव में या किसी प्रस्ताव के पक्ष में डाले जानेवाले वोट; मना करने का सूचक शब्द (मत जाओ।)

मति—बुद्धि, समझ।

मत्स्य—मछली।

मधु—शहद, पुष्परस; वसंत ऋतु।

मधुमक्खी—शहद बनानेवाली मक्खी।

मधुर—मीठा, प्रिय, अच्छा।

मध्य—किसी चीज़ के बीच का हिस्सा, केंद्र।

मन—दिल, हृदय, चाह, इच्छा।

मनहूस—अभागा, अशुभ, उदासी भरा।

मनाही—न करने की आज्ञा, रोक, निषेध।

मनुज—मनु की संतान, मनुष्य।

मनोनीत—चुना हुआ, नामजद।

मनोरम—सुंदर, मन में रमनेवाला।

मरहम—घाव पर लगाया जानेवाला गाढ़ा लेप।

मरियल—कमज़ोर, बहुत दुबला।

मरुभूमि—रेतीला मैदान—जहाँ पानी नहीं होता, रेगिस्तान, मरुस्थल।

मलिन—मैला, गंदा; उदास।

मल्लाह—एक जाति जो नाव चलाकर एवं मछली पकड़कर अपना पेट भरती है, केवट, माँझी।

मवेशी—दूध देने या बोझ ढोनेवाले पालतू पशु।

मसलना—हाथ से दबाते हुए रगड़ना, मलना।

मसूड़ा—दाँतों के ऊपर और नीचे का मांस, जिसमें दाँतों की जड़ें होती हैं।

मसोसना—ऐंठना, मरोड़ना, दबाना, किसी दुःख या इच्छा को मन में दबाकर रखना।

मस्त—किसी बात की चिंता न करनेवाला, मतवाला, नशे में।

मस्तक—सिर, माथा।

महंत—मठ या साधु, संघ का मुखिया।

महक—गंध, बू, वास।

महर्षि—बड़ा या महान् ऋषि।

महाद्वीप—पृथ्वी का वह बड़ा भाग जिसमें कई देश हों।

महावत—हाथी की देखभाल करने और चलानेवाला, हाथीवान।

महाशय—ऊँचे विचारोंवाला, सम्मान के योग्य व्यक्ति, महानुभाव, पुरुषों के लिए आदर का संबोधन।

महिला—औरत, स्त्री।

महीन—बारीक, पतला।

महुआ—एक पेड़, जिसके फूल-फल खाने और लकड़ी ईंधन तथा गृह निर्माण के काम आती है।

माँझी—नाव खेनेवाला, मल्लाह, नाविक।

माँद—जंगली जानवरों के रहने की जगह, गुफा।

मांसाहारी—मांस खानेवाला, मासभक्षी।

माघ—भारतीय पंचांग के अनुसार वर्ष का ग्यारहवाँ महीना, जो फागुन से पहले और पूस के बाद आता है।

माणिक—लाल या गुलाबी रंग का एक रत्न।

मातृभाषा—अपने घर में बोली जानेवाली भाषा।

मादा—स्त्री जाति का प्राणी।

मानसून—हिंद महासागर में बहनेवाली हवा, जो गरमियों में दक्षिण-पश्चिम और सर्दियों में उत्तर-पूर्व से बहती है तथा जिससे वर्षा होती है।

मार्ग—रास्ता, पथ।

मालती—सफ़ेद रंग का फूल, जो लताओं (बेल) में खिलता है।

मास—साल का बारहवाँ भाग, महीना।

मासिक—हर महीने का, महीने में एक बार होनेवाला, छपनेवाला आदि।

मिठास—मीठा होने का भाव, मीठापन।

मिलन—भेंट, मुलाकात।

मिस्तरी—कुशल कारीगर, मिस्त्री।

मीचना—आँख बंद करना, मूँदना।

मीन—मछली; एक राशि।

मीनार—खंभे के आकार की गोल और ऊँची इमारत।

मुकुट—ताज, सिर पर पहना जानेवाला गहना।

मुख—मुँह, चेहरा।

मुखर—ज़्यादा बोलनेवाला, वाचाल।

मुख्य—प्रधान, प्रमुख।

मुद्रा—सिक्का, करेंसी; चेहरे, हाथ, पैर इत्यादि की एक क्रिया, जिससे कुछ भाव प्रकट होता हो।

मुनि—ऋषि, तपस्वी।

मुरली—बाँसुरी, वंशी।

मूक—गूँगा, जो बोल न सके।

मूठ—किसी औज़ार या हथियार का वह भाग जो हाथ (मूठ) में पकड़ा जाता है।

मूढ़—बुद्धू, मूर्ख, जड़बुद्धि, हक्का-बक्का।

मूर्ख—नासमझ, बेवकूफ़, बुद्धू।

मूर्ति—किसी की आकृति या रूप की नक़ल करके बनाई गई मिट्टी, धातु, लकड़ी इत्यादि की वस्तु, प्रतिमा।

मूल—पौधे की जड़; असली/वास्तविक (रूप) स्रोत।

मूल्य—क़ीमत, दाम; उपयोगिता, महत्त्व।

मूषक—चूहा।

मूसल—लकड़ी का मोटा डंडा, जिससे धान या अनाज कूटा जाता है।

मूसलधार, मुसलाधार—मोटी-मोटी बूँदोंवाली तेज़ बारिश।

मृग—हिरन, हरिण।

मृत—मरा हुआ, जिसमें प्राण न हों।

मृत्यु—मौत, मरण।

मृदंग—ढोलक की तरह बजनेवाला एक बाजा।

मेघ—बादल।

मेधा—बुद्धि, अक़्ल।

मेधावी—तेज़ दिमाग़वाला, बुद्धिमान।

मेमना—भेड़ का बच्चा।

मैत्री—दोस्ती, मित्रता।

मैना—मीठी आवाज़वाली काले रंग की एक चिड़िया।

मैल—शरीर, कपड़े इत्यादि पर धूल का जमा हुआ रूप, गंदगी।

मोती—समुद्र की सीपियों से निकलनेवाला एक प्रसिद्ध क़ीमती रत्न।

मोदक—लड्डू।

मोह—ममता, स्नेह।

मौखिक—ज़बानी, मुँह से बोला हुआ, मुँह से संबंधित।

मौन—चुप्पी, न बोलना, चुप, शांत

मौलवी—मसजिद में नमाज़ पढ़ानेवाला, जिसके पास धार्मिक शिक्षा से संबद्ध मौलवी की डिग्री हो।

म्यान—तलवार रखने का खोल।

य

य—देवनागरी वर्णमाला का छब्बीसवाँ वर्ण।

यक्ष—धन के देवता, कुबेर के ख़ज़ाने की रक्षा करनेवाले देवताओं की एक जाति।

यज्ञ—हवन, अनुष्ठान, होम।

यत्न—कोशिश, प्रयत्न, चेष्टा।

यथेष्ट—जितना चाहिए उतना, पर्याप्त।

यद्यपि—हालाँकि, अगरचे।

यम—मृत्यु के देवता।

यश—प्रसिद्धि, ख्याति, कीर्ति, नेकनामी।

याचक—माँगनेवाला, भिखारी।

यातायात—आना-जाना, किसी रास्ते पर लोगों और वाहनों का आवागमन, ट्रैफ़िक।

यान—सवारी, वाहन, विमान।

युग—समय, काल, ज़माना।

युद्ध—लड़ाई, संग्राम, रण।

युवक—सोलह से पैंतीस वर्ष तक की आयु का व्यक्ति, जवान, तरुण।

युवती—सोलह से पैंतीस वर्ष तक की उम्र की स्त्री, तरुणी।

योग—जोड़; तपस्या, ध्यान, आसन इत्यादि।

योगी—योग की साधना करनेवाला व्यक्ति, जो दुःख में दुःखी न हो और सुख में प्रसन्न न हो।

योग्य—क़ाबिल, लायक़, सक्षम, समर्थ।

योग्यता—योग्य होने का गुण, क्षमता, क़ाबिलियत।

योजना—किसी काम को करने का विचार, कल्पना या इरादा, आगे किए जानेवाले काम की रूपरेखा, स्कीम, प्लान इत्यादि।

योद्धा—युद्ध करनेवाला, सिपाही, सैनिक।

यौगिक—मिला हुआ; योग संबंधी

र

र—देवनागरी वर्णमाला का सत्ताईसवाँ वर्ण।

रंक—ग़रीब, निर्धन।

रंगमंच—वह जगह जहाँ नाटक, नृत्य, संगीत समारोह इत्यादि होता है, मंच, स्टेज।

रंगरूट—नया सिपाही, नौसिखिया, रिक्रूट।

रंगरेज़—कपड़ा रँगने का काम करनेवाला।

रंगोली—त्योहार-उत्सव के समय सुर्ख़ रंगों से फ़र्श पर बनाया जानेवाला चित्र, डिज़ाइन, अल्पना।

रंजिश—नाराज़गी, अनबन, दुश्मनी।

रँभाना—गाय की पुकार।

रक्षक—हिफ़ाज़त करनेवाला, रखवाला, पहरेदार।

रक्षाबंधन—श्रावण मास की पूर्णिमा को होनेवाला एक त्योहार, जिसमें बहनें भाइयों को राखी बाँधती हैं, यह राखी भाइयों द्वारा बहनों की रक्षा का प्रतीक होती है।

रग—नस, नाड़ी।

रचयिता—जो किसी वस्तु या साहित्य की रचना करे।

रज—मिट्टी, धूल, गर्द।

रजत—उज्ज्वल, सफ़ेद; चाँदी के रंग का, चाँदी का बना हुआ।

रजनी—रात, निशा।

रण—लड़ाई, युद्ध, संग्राम, जंग।

रणक्षेत्र—लड़ाई का मैदान, युद्धभूमि।

रत्न—क़ीमती और चमकीला पत्थर, जिसे आभूषणों में जड़ा जाता है, मणि।

रथ—पुराने ज़माने की एक घोड़ा या बैलगाड़ी, जिसमें दो या चार पहिए हुआ करते थे।

रद्द—तय या निश्चित कार्यक्रम के न होने की स्थिति; क़ानून या संविधान के किसी नियम को ख़त्म कर देना, किसी अपील को न मानना।

रपट—सूचना, ख़बर, रिपोर्ट।

रमज़ान—मुसलमानों के हिजरी वर्ष का नौवाँ महीना, जिसके दौरान वे लोग रोज़ा रखते हैं।

रमणी—सुंदर औरत, बाला।

रमणीक—सुंदर, मनोहर।

रवा—बहुत छोटा टुकड़ा, दाना, कण, सूजी।

रवि—सूर्य, अग्नि; आक।

रवैया—व्यवहार, रुख़।

रश्मि—किरण; रस्सी; घोड़े की लगाम।

रस्म—रिवाज़, प्रथा, चलन।

रहँट, रहट—बैलों की सहायता से कुएँ से पानी निकालने का एक यंत्र।

रहस्य—गोपनीय, भेद, गुप्त बात।

राजदूत—किसी राज्य या राजा का संदेश लेकर किसी दूसरे राज्य में जानेवाला दूत या प्रतिनिधि।

रातरानी—केवल रात में खिलनेवाला ख़ुशबूदार फूलों का एक पौधा, रजनीगंधा।

रात्रि—रात, निशा।

रामनवमी—चैत्र शुक्ल नवमी को मनाया जानेवाला श्रीरामचंद्रजी का जन्म-दिन।

रावी—पंजाब की पाँच नदियों में से एक।

राष्ट्र—देश, मुल्क।

राष्ट्रीय—राष्ट्र से संबंधित।

राहु—एक मछली रोहू; नौ ग्रहों में से एक।

रिक्त—ख़ाली, शून्य।

रिपु—दुश्मन, शत्रु।

रिमझिम—छोटी-छोटी हलकी बूँदोंवाली बारिश।

रीति—तरह, प्रकार, ढंग; प्रथा, रिवाज़, परिपाटी।

रुचि—दिलचस्पी, पसंद।

रुदन—रोना, विलाप।

रुधिर—ख़ून, रक्त।

रूखा—सूखा, शुष्क, रसहीन।

रूढ़ि—पुराने ज़माने से चली आ रही प्रथाएँ, रीतियाँ आदि।

रूप—शक्ल, सूरत, आकृति, सुंदरता, प्रकार, भेद।

रेंकना—गधे का बोलना।

रेगिस्तान—वह प्रदेश जहाँ रेतीले मैदान हों, मरुस्थल।

रेती—लोहे का एक औज़ार, जो वस्तुओं को काटने, तेज़ करने या चिकना करने के काम आता है; बालू का बारीक रेत।

रेशा—महीन सूत या तंतु जो पौधों और पेड़ों की छाल से निकलता है।

रोआँ—त्वचा के ऊपर के छोटे-छोटे बाल, रोम।

रोग—बीमारी, मर्ज़।

रोगाणु—रोग पैदा करनेवाले छोटे ज़हरीले कीड़े।

रोचक—अच्छा लगनेवाला, मनोरंजक, दिलचस्प।

रोज़गार—कमाई का ज़रिया, पेशा, धंधा, व्यवसाय।

रोज़ा—रमज़ान के दौरान एक महीने तक रोज़ रखा जानेवाला व्रत, जो चार बजे सुबह से शाम के सात बजे तक चलता है।

रोज़ी—मज़दूरी, आजीविका।

रोम—त्वचा के बाल, रोयाँ।

रोशनदान—कमरे में हवा और रोशनी के लिए दरवाज़े के ऊपर या दीवार में ऊँचाई पर बनी छोटी खिड़की।

ल

ल—देवनागरी वर्णमाला का अट्ठाईसवाँ वर्ण।

लंगूर—काले मुँह और लंबी पूँछवाला बंदर।

लकड़हारा—जंगल से लकड़ी काटकर बेचनेवाला।

लकीर—रेखा, लाइन।

लक्षण—वह गुण, विशेषता या चिह्न, जिससे किसी वस्तु, रोग या होनेवाली घटना की पहचान की जाए; चाल-ढाल, तौर-तरीक़ा, व्यवहार।

लक्ष्य—उद्देश्य, निशाना।

लगान—सरकारी भूमि-कर, राजस्व।

लगाम—रास, बाग, घोड़े की गति को नियंत्रित रख़ने के लिए उसके मुँह में लगाया जानेवाला लोहे का एक दाँतेदार छड़।

लघु—थोड़ा, कम, अल्प, छोटा।

लज्जा—शर्म, लाज।

लट—अलक, बालों का गुच्छा।

लट्ठ—बड़ा डंडा, मोटी लाठी।

लड़ाई—झगड़ा, तकरार, एक-दूसरे से मारपीट, युद्ध, संग्राम।

लड़ाकू—लड़नेवाला, लड़ाई या युद्ध के काम आनेवाला।

लड़ी—गुँथी हुई पंक्ति, माला।

लत—बुरी आदत।

लता—ज़मीन, पेड़, धागा इत्यादि किसी चीज़ के सहारे फैलनेवाला पौधा, बेल।

लपट—आग की लौ, ज्वाला।

लबादा—लंबा और ढीला-ढाला पहनावा।

ललक—ज़बरदस्त इच्छा, गहरी लालसा।

ललाट—माथा, मस्तक।

लवण—नमक, नमकीन।

लस्सी—दही, चीनी और बर्फ़ से बनाया गया पेय पदार्थ।

लहँगा—घाँघरा, घाघरा।

लहसुन—कंदवाला एक पौधा, जिसकी कंदें भोजन एवं दवाइयों में काम आती हैं।

लहू—ख़ून, रक्त।

लांछन—कलंक, दोष, इलज़ाम, आरोप।

लाख—सौ हज़ार की संख्या; पेड़ों पर लगनेवाला एक कीड़ा—लाख।

लाज—शर्म, लज्जा।

लाजवंती—शरमानेवाली स्त्री; छुईमुई पौधा।

लाट—पत्थर, धातु या लकड़ी का ऊँचा खंभा।

लाठी—बाँस का लंबा डंडा।

लाड़—दुलार, प्यार।

लात—पैर, टाँग।

लापता—ग़ायब।

लाभ—मुनाफ़ा, नफ़ा, फ़ायदा; भलाई, असर।

लार—मुँह से निकलनेवाला पतला लसदार थूक।

लाल—ख़ून के रंग का, सुर्ख़; एक क़ीमती रत्न, माणिक; छोटा और प्रिय बच्चा।

लालच—इच्छा, लोभ, लालसा।

लालटेन—मिट्टी के तेल से जलनेवाला लैंप।

लाला—कायस्थ, बनिया और पंजाबी लोगों में आदरसूचक शब्द।

लावा—ज्वालामुखी फूटने पर निकलनेवाला तरल पदार्थ; धान, मक्का, ज्वार इत्यादि के भुने हुए दाने।

लावारिस—जिसके घर-बार, परिवार इत्यादि का पता न हो।

लाश—मुरदा, शव।

लिहाज़—इज़्ज़त, आदर, अदब, विचार, दृष्टि, नज़रिया।

लीक—रेखा, लकीर, बैलगाड़ी आदि के चलने पर कच्ची ज़मीन पर पड़नेवाला निशान; रिवाज़, परंपरा।

लीची—रसीला फल, जिसके लाल छिलके पर कटावदार दाने उभरे रहते हैं।

लीद—घोड़े, गधे, हाथी इत्यादि पशुओं का मल।

लीला—खेल, क्रीड़ा, केलि।

लुँगी—टखनों तक लटकनेवाली छोटी धोती, जिसे कमर में बाँधा जाता है, तहमद।

लुटेरा—लोगों का पैसा और सामान लूटनेवाला डाकू।

लुहार—लोहे की चीज़ें बनानेवाला।

लू—गरमी के दिनों में चलनेवाली गरम हवा।

लूला—जिसका एक या दोनों हाथ न हों।

लेखक—अख़बारों-पत्रिकाओं में लिखनेवाला, किताबें लिखनेवाला।

लेखनी—कलम, वर्णतूलिका।

लेप—कोई गीली और गाढ़ी वस्तु, जो लीपने-पोतने के काम आए।

लेश—थोड़ा, ज़रा-सा, अल्प।

लैंप—मिट्टी के तेल आदि से जलनेवाली, प्रकाश देनेवाली कोई भी वस्तु।

लोक—संसार, जगत्; लोग, समाज, आम जन।

लोच—लचक, लचीलापन।

लोचन—आँख, नेत्र।

लोटना—पीठ के बल इधर-उधर लुढ़कना।

लोटा—पानी रखने का एक गोल बरतन।

लोप—ग़ायब, अदृश्य या नष्ट होना।

लोभ—किसी वस्तु को लेने की प्रबल इच्छा, लालच।

लोमड़ी—गीदड़ की जाति का एक चतुर जानवर।

लोरी—बच्चों को बहलाने-फुसलाने के लिए गाया जानेवाला गीत।

लोलुप—लालची, लोभी।

लौंग—एक फूल की कली, जो मसाले और दवाओं में काम आती है।

लौ—आग की लपट, ज्वाला।

लौकी—एक सब्ज़ी, घिया।

व

व—देवनागरी वर्णमाला का उनतीसवाँ वर्ण।

वंचित—जिसे जो मिलना चाहिए वह न मिला हो, हीन, रहित।

वकील—जिसने वकालत की परीक्षा पास की हो तथा जो मुकदमा लड़े, प्रतिनिधि।

वक़्त—समय, काल; मौका; अवकाश; ऋतु।

वक्ष—पेट और गले के बीच का हिस्सा, छाती।

वचन—कथन, वाणी, वायदा, प्रतिज्ञा, प्रण; व्याकरण का वह अंग जो संज्ञा की संख्या के बारे में बताता है।

वजह—कारण, सबब, जरिया।

वजीफ़ा—छात्रवृत्ति, स्कॉलरशिप, पेंशन।

वज़ीर—मंत्री, सचिव; शतरंज का एक मोहरा।

वटवृक्ष—बरगद का पेड़।

वतन—अपना देश, स्वदेश।

वध—हत्या, किसी पापी व्यक्ति की हत्या।

वधू—बहू, दुलहन, पत्नी।

वन—जंगल, बाग, उपवन।

वनमानुष—बिना पूँछ का बंदर, जो आदमी से मिलता-जुलता होता है।

वनवास—वन में रहना।

वमन—उलटी, कै।

वर—दूल्हा; वरदान।

वरदान—कोई अच्छी चीज़ या शक्ति जो देवता या महापुरुष द्वारा किसी पर प्रसन्न होकर दी जाए या माँगा जाए।

वर्ग—किसी संख्या को उसी से गुणा करने पर प्राप्त संख्या, ज्यामिति में ऐसा चतुर्भुज जिसकी चारों भुजाएँ बराबर हों; कोटि, श्रेणी।

वर्ण—रंग, मनुष्य की त्वचा का रंग; रंग के आधार पर बाँटी गई हिंदू जातियाँ; अक्षर।

वर्ष—साल; वृष्टि, पृथ्वी का खंड; बादल।

वर्षगाँठ—सालगिरह, हर साल आनेवाला जन्म अथवा शादी का ख़ास दिन।

वश—क़ाबू, अधिकार, नियंत्रण।

वसंत—छह ऋतुओं में एक ऋतु, जो गरमी से ठीक पहले आती है।

वसा—चिकना पदार्थ (घी, तेल)।

वसीयत—मरने के बाद किसी ख़ास व्यक्ति द्वारा नामित संपत्ति।

वसुधा—पृथ्वी, वसुंधरा।

वस्तु—पदार्थ, चीज़; पीठ।

वस्त्र—कपड़ा, पोशाक।

वांछित—इच्छित, चाहा हुआ।

वाचाल—बहुत बोलनेवाला, वाक्पटु।

वाणी—आवाज़, बोली, स्वर, बात, वचन, कथन; विद्या की देवी सरस्वती।

वात्सल्य—बच्चों के लिए माँ-बाप के मन में प्यार की भावना, स्नेह।

वानर—बंदर।

वाम—बायाँ, उलटा, विपरीत; बुरा, दुष्ट।

वायु—हवा; साँस, प्राणवायु।

वायुमंडल—वातावरण, आकाश।

वायुयान—हवाई जहाज़।

वार—हमला, आक्रमण।

वार्षिक—जो हर साल होता है, सालाना।

वाष्प—भाप, ऊष्मा; आँसू।

वाहन—माल या यात्रियों को ढोने का साधन (रेल, बस)।

विकल—परेशान, बेचैन।

विकार—ख़राबी, दोष।

विकास—प्रगति या उन्नति करने की क्रिया।

विक्रेता—बेचनेवाला।

विख्यात—मशहूर, प्रसिद्ध।

विगत—जो बीत चुका हो, अतीत।

विजय—जीत; लूट का माल।

विजयादशमी—दशहरा, रावण पर राम की विजय का पर्व।

विजेता—विजय पानेवाला, जीतनेवाला।

वितरण—बाँटना, देना; दान।

विदा—प्रस्थान, रुखसती, बिदाई।

विदुषी—विद्वान् स्त्री।

विदेश—अन्य देश, परदेश।

विद्या—पढ़ाई, शिक्षा, विशेष ज्ञान (ज्योतिष विद्या)।

विद्यार्थी—छात्र, शिष्य, विद्या ग्रहण करनेवाला।

विद्युत्—बिजली; वज्र; ऊषा।

विद्रोह—बग़ावत, शासन-सत्ता के विरोध में किया जानेवाला काम।

विद्वान्—जिस व्यक्ति ने बहुत विद्या प्राप्त की हो।

विधाता—दुनिया को बनानेवाला।

विधान—नियम, क़ानून, तरीक़ा।

विधि—काम करने का ढंग, तरीक़ा, नियम, क़ानून।

विनती—प्रार्थना।

विनम्र—जो नम्र हो, सुशील।

विनाश—बरबादी, नाश।

विनिमय—किसी वस्तु की अदला-बदली, लेन-देन।

विनोद—हँसी-मज़ाक, मनबहलाव, मनोरंजन।

विपक्ष—विरोधी दल, ख़िलाफ़।

विपत्ति—मुसीबत, संकट, विपदा।

विपरीत—उलटा, विरुद्ध।

विभाजन—बाँटने की क्रिया, बँटवारा।

विमल—साफ़, निर्मल, शुद्ध।

विमान—हवाई जहाज़।

वियोग—प्रिय (व्यक्ति) से अलग होना, विरह।

विराम—ठहराव, रुकना; वाक्य के अंत में रुकना।

विरोध—सहमत न होना, ख़िलाफ़ होना।

विलंब—देर; लटकना, झूलना।

विलाप—दु:ख या शोक के कारण ज़ोर-ज़ोर से रोना।

विवश—लाचार, मजबूर।

विविध—कई तरह का, विभिन्न।

विवेक—भले-बुरे की समझ, सद्‍बुद्धि।

विशाल—विस्तृत, बहुत बड़ा।

विश्व—दुनिया, संसार, ब्रह्मांड।

विश्वास—भरोसा, यकीन।

विष—ज़हर।

विहग—चिड़िया, पक्षी।

वीणा—सितार जैसा एक बाजा।

वीरान—सुनसान, निर्जन, उजड़ा हुआ, तबाह।

वृक्ष—पेड़, विटप, पौधा, वनस्पति।

वेग—चाल या गति की तेज़ी।

वेणी—बालों की चोटी; धारा।

वेतन—तनख़्वाह, पगार।

वेदना—कष्ट, पीड़ा, तीव्र मानसिक व्यथा, दु:ख।

वेश—पोशाक, पहनावा, वस्त्र, भेस, बाहरी रूप।

वैज्ञानिक—विज्ञान संबंधी खोज करनेवाला।

वैद्य—आयुर्वेदिक चिकित्सक, हकीम।

वैर—दुश्मनी, शत्रुता।

वैशाख—भारतीय पंचांग के अनुसार चैत के बाद का महीना।

व्याकुल—बेचैन, परेशान।

व्यापार—काम-धंधा, कारोबार।

व्यायाम—कसरत, अभ्यास; फैलाना।

श

श—देवनागरी वर्णमाला का तीसवाँ वर्ण, उच्चारण-स्थान—तालु।

शंका—किसी बुरी बात या घटना के घटने का अंदाज़, संदेह।

शंकालु—शंका करने की आदत, शक्की।

शंख—समुद्र में मिलनेवाला एक जंतु का खोल, जिसे पूजा या युद्ध के समय शुभ मानकर फूँका जाता है; एक लाख करोड़ की संख्या।

शक—संदेह, शुबहा।

शक्कर—चीनी, शर्करा।

शक्ति—ताकत, ज़ोर, बल।

शक्तिशाली—बलवान्, बलिष्ठ।

शत—सौ की संख्या; विष्णु।

शतक—सौ चीज़ों का समूह, सौ की संख्या से युक्त।

शतरंज—एक खेल।

शताब्दी—सौ साल का समय।

शत्रु—दुश्मन, वैरी।

शनि—सौरमंडल का एक ग्रह; सप्ताह का एक दिन—शनिवार।

शपथ—क़सम, सौगंध।

शयनकक्ष—सोने का कमरा।

शरणार्थी—शरण चाहनेवाला, शरण लेनेवाला।

शराब—एक मादक पेय, मदिरा, मद्य।

शरारत—शैतानी, नटखटपन।

शरीफ़—भला, नेक, शिष्ट।

शर्म—लज्जा, संकोच।

शल्य-चिकित्सा—ऑपरेशन, सर्ज़री।

शव—मुरदा, लाश।

शशि—चाँद, चंद्रमा।

शस्त्र—हाथ में पकड़कर इस्तेमाल होनेवाला हथियार—तलवार आदि।

शहतूत—एक पेड़, जिसके पत्ते रेशम के कीड़े खाते हैं और जिसके फल पकने पर काफ़ी मीठे होते हैं।

शहद—मधु, पुष्परस।

शहनाई—मुँह से फूँककर बजाया जानेवाला बाजा।
शहीद—देश के लिए लड़ते हुए प्राण देनेवाला।
शांति—शोर न होने की स्थिति, चुप्पी।
शाकाहारी—केवल शाक खानेवाला, मांस न खानेवाला।
शाखा—पेड़ की टहनी, डाल; किसी संस्था का अंग-विशेष।
शानदार—बढ़िया, भव्य।
शाप—बददुआ, किसी का बुरा चाहते हुए कही जानेवाली बात।
शाबाश—हौसला बढ़ाने के लिए कहा जानेवाला शब्द—वाह ! वाह !
शॉल—ओढ़नेवाली ऊनी या रेशमी चादर।
शासक—शासन करनेवाला, राजा।
शासन—हुकूमत, देख-रेख।
शिखर—पहाड़ की चोटी; किसी चीज़ का सबसे ऊँचा भाग या सिरा।
शिला—बड़ा पत्थर, चट्टान, पाषाण।
शिलालेख—पुराने ज़माने में राजाओं द्वारा पत्थर पर खुदवाए जानेवाले महत्त्वपूर्ण आदेश।
शिविर—डेरा, ख़ेमा, पड़ाव, कैंप।
शिशिर—एक ऋतु, सर्दी का मौसम।
शिशु—छोटा बच्चा।
शिष्टाचार—तमीज़, तहज़ीब।
शिष्य—छात्र, विद्यार्थी, चेला।
शीत—ठंड, जाड़ा, सर्दी।
शीतल—ठंडा; सौम्य, शांत।
शीर्षक—सिर, मस्तक; किसी कविता, निबंध, किताब के विषय में परिचय देनेवाला शब्द, नाम।
शुक्र—सौरमंडल का एक ग्रह; सप्ताह का एक दिन, शुक्रवार।
शुक्रिया—धन्यवाद।
शुक्ल—सफ़ेद, उजला, शुक्ल (पक्ष)।
शुद्ध—पवित्र, साफ़, स्वच्छ, जिसमें मिलावट न हो, ख़ालिस; सही, ठीक, नियमानुसार।
शुभ—मंगलमय, कल्याणकारी, अच्छा।
शुभचिंतक—हितैषी।
शुल्क—चंदा, फ़ीस।
शुष्क—सूखा, जिसमें गीलापन न हो; उबाऊ, नीरस; निर्दय।
शूद्र—हरिजन, हिंदुओं में चौथा वर्ण।
शूर—बहादुर, वीर।
श्रृंगार—सिंगार, बनाव-सजाव।
शेष—बाक़ी, बचा हुआ।
शैल—पहाड़, पर्वत, चट्टान।
शोक—दु:ख, व्यथा।
शोषण—किसी चीज़ के तरल अंश को सोखना।
शौचालय—टट्टी-पेशाब के लिए बनी हुई जगह।
श्मशान—वह जगह जहाँ शव जलाए या दफनाए जाते हैं।
श्रद्धेय—पूजनीय, श्रद्धा के योग्य।
श्रम—मेहनत, परिश्रम।
श्रवण—सुनने की इंद्रिय, कान, सुनने की क्रिया।
श्रावण—भारतीय पंचांग के अनुसार वर्ष का पाँचवाँ महीना।
श्रोता—सुननेवाला।
श्लोक—संस्कृत का कोई पद्य या पद।
श्वसुर—पति या पत्नी का पिता, ससुर।

ष

ष—देवनागरी वर्णमाला का इकतीसवाँ वर्ण।
षट—छह, पाँच और एक।
षटकोण—छह कोणोंवाला।
षड्यंत्र—किसी व्यक्ति को नुकसान पहुँचाने के

लिए चोरी-छिपे उसके खिलाफ कुछ करने की योजना, साज़िश।

षष्टि—साठ की संख्या।

षष्ठ—छठा।

षोडश—सोलह।

षोडशी—सोलह वर्ष की लड़की, तरुणी।

स

स—देवनागरी वर्णमाला का बत्तीसवाँ वर्ण।

संकट—मुसीबत, विपत्ति, कठिनाई।

संकलन—एकत्र करना, संग्रह।

संकल्प—पक्का इरादा, दृढ़ निश्चय।

संकुचित—सिकुड़ा हुआ, संकीर्ण।

संकेत—इशारा, चिह्न, निशान।

संकोच—झिझक, हिचकिचाहट।

संक्रमण—कीटाणुओं का फैलना।

संक्रामक—छूत से फैलनेवाला।

संक्षिप्त—छोटा किया हुआ।

संक्षेप—थोड़ा, छोटा रूप, संयत।

संगम—मिलन, मिलाप, मेल, दो नदियों का मिलना।

संगमरमर—एक चिकना और सफ़ेद पत्थर।

संगीत—गाने और बजाने की विद्या।

संग्रह—जमा करना, संचय करना, संकलन, ढेर।

संग्राम—लड़ाई, युद्ध।

संघर्ष—जूझना, लक्ष्य तक पहुँचने के लिए मुश्किलों का सामना।

संचय—ढेर, समूह।

संचार—किसी संदेश को दूर तक पहुँचाने की क्रिया या प्रणाली, किसी चीज़ का प्रवाह, चलना, फैलना।

संचित—संचय किया हुआ, जमा किया हुआ।

संज्ञा—वह शब्द जो किसी वस्तु, व्यक्ति, स्थान के नाम या किसी भाव के बारे में बताए।

संत—महात्मा, साधु।

संतान—बाल-बच्चे, औलाद।

संताप—पछतावा, प्रायश्चित्त।

संतोष—तसल्ली, संतुष्टि, सब्र, धैर्य।

संदिग्ध—संदेह, शक।

संदूक—पेटी, बक्सा।

संदेश—ख़बर; पनीर से बननेवाली एक बंगाली मिठाई।

संदेह—शक, भरोसा न होना।

संधि—सुलह, समझौता, व्याकरण में दो ध्वनियों के जोड़ से होनेवाला शब्द परिवर्तन।

संध्या—शाम, सायंकाल।

संन्यास—चार आश्रमों में से अंतिम, जिसका पालन करनेवाला व्यक्ति माया-मोह से अपना संबंध तोड़ लेता है।

संन्यासी—त्यागी, वह व्यक्ति जिसने संन्यास ले लिया हो।

संपत्ति—धन-दौलत।

संपदा—धन-दौलत, संपत्ति, बहुमूल्य वस्तु।

संपन्न—दौलतमंद; पूरा किया हुआ काम।

संपर्क—मेलजोल, संगति, साथ।

संपादक—लेख, किताब, ख़बर इत्यादि को छाँटकर उसमें सुधार करनेवाला।

संपृक्त—युक्त, मिला हुआ।

संप्रदाय—किसी विशेष धर्म या विचारधारा को माननेवालों का समूह।

संबोधन—पुकारने के लिए शब्द, पत्र लिखनेवाले को संबोधित शब्द, हिंदी व्याकरण में आठवाँ कारक।

संभव—जिसके होने या घटने की उम्मीद हो, मुमकिन।

संभ्रांत—इज़्ज़तदार और पैसेवाला, प्रतिष्ठित और संपन्न।

संयम—मन को वश में रखते हुए नियम से रहना।

संयुक्त—मिला हुआ, जुड़ा हुआ, इकट्ठा।

संवाद—बातचीत, वार्त्तालाप, डायलॉग।

संवाददाता—अख़बार आदि को समाचार भेजने का काम करनेवाला, रिपोर्टर।

संविधान—किसी देश या संस्था को चलाने के लिए लिखित या अलिखित क़ानून।

संवेदना—किसी घटना के असर से मन में पैदा होनेवाली भावनाएँ, अनुभूति, हमदर्दी, सहानुभूति।

संसद्—देश की जनता द्वारा चुने गए प्रतिनिधियों की सभा, पार्लियामेंट।

संसाधन—प्राकृतिक संपदा (लोहा, कोयला); किसी काम को शुद्ध या पूरा करने के लिए आवश्यक साधन।

संसार—दुनिया, जगत्।

संस्कृत—भारत की एक प्राचीन भाषा, देववाणी।

संस्कृति—रहन-सहन, अच्छे-बुरे की समझ, सोचने का ढंग, जिससे रीति-रिवाज़ की पहचान होती है।

संहार—नाश, वध।

सक्रिय—काम में लगे रहना, चुस्त, फुरतीला।

सक्षम—जिसमें क्षमता हो, समर्थ, क़ाबिल।

सखी—सहेली, मित्र।

सगा—एक ही माँ से उत्पन्न, सहोदर।

सघन—घना।

सचित्र—तसवीरों के साथ।

सचिव—सरकार या प्रशासन में उच्च अधिकारी, किसी संस्था को चलानेवाला व्यक्ति।

सचेत—सावधान, चौकन्ना, सजग, सतर्क।

सजावट—सजाने का काम।

सजीव—जिसमें जीवन या प्राण हो, ज़िंदा, जीवित।

सज्जन—भला आदमी, शरीफ़।

सतत—लगातार, निरंतर।

सती—अपने पति के शव के साथ जलकर मर जानेवाली स्त्री, पतिव्रता स्त्री।

सत्ता—शासन, शक्ति, प्रभुत्व, ताश का एक पत्ता।

सत्याग्रह—किसी उद्‍देश्य और न्याय को पाने के लिए की जानेवाली शांतिपूर्ण लड़ाई या विरोध, अनशन।

सत्र—किसी स्कूल, सभा, संस्था इत्यादि का वह समय जब कुछ हफ़्तों या महीनों तक उसका काम-काज लगातार और पूरी तरह चलता हो।

सदन—घर, मकान, वह स्थान जहाँ संसद् या विधानसभा की काररवाई चलती हो।

सदमा—गहरा दुःख, आघात।

सदरी—बिना बाँहों की एक बंडी, मिरज़ई, फतुही।

सदा—हमेशा।

सदाचार—अच्छा आचरण, नेक चाल-चलन, पवित्र व्यवहार।

सदैव—हमेशा ही, सदा ही।

सन—पटसन, जूट।

सन्नाटा—चुप्पी, निस्तब्धता, नीरवता।

सपना—स्वप्न, कल्पना।

सपेरा—साँप को पकड़ने, पालने और उसका तमाशा दिखानेवाला।

सप्तर्षि—आकाश की उत्तर दिशा में दिखाई देनेवाला सात तारों का समूह।

सप्ताह—रविवार से लेकर शनिवार तक का सात दिन का समय, हफ़्ता।

सफल—कामयाब।

सबक—पाठ, सीख, नसीहत।

सब्ज़—हरा, हरे रंग का।

सब्र—बरदाश्त, सहन, धीरज, धैर्य।

सभापति—सभा का मुखिया या प्रधान।

सम—बराबर, एक जैसा।

समकोण—90 (डिग्री) अंश का कोण।

समक्ष—सामने, सम्मुख।

समधी—बेटी या बेटे का ससुर।

समर—लड़ाई, युद्ध।

समर्थ—योग्य; बलवान, संशक्त; उपयुक्त।

समर्थन—साथ देना, हिमायत करना।

समर्पण—आदर के साथ भेंट करना, अर्पित करना, सुपुर्द करना।

समस्त—संपूर्ण, समूचा।

समाधि—महान् व्यक्ति के दाह-संस्कार के पश्चात् उस जगह पर निर्मित स्मारक।

समानांतर—वे रेखाएँ जिनके बीच की दूरी हमेशा बराबर रहती है और वे कभी नहीं मिलतीं।

समानार्थक—वे शब्द जिनका अर्थ एक ही हो, पर्यायवाची।

समारोह—जलसा, उत्सव, धूमधाम।

समास—दो या दो से अधिक शब्दों के मेल से बना हुआ शब्द।

समुदाय—एक स्थान पर इकट्ठा होकर रह रहे लोगों का समूह।

समुद्र—सागर; मुद्रांकित।

समूह—झुंड, दल।

समृद्ध—अमीर, संपन्न, धनवान्।

सम्मान—इज़्ज़त, मान, आदर।

सम्मिलित—साथ मिला हुआ, युक्त, शामिल।

सम्मुख—चेहरे के सामने।

सम्राज्ञी—महारानी, सम्राट् की पत्नी।

सर—सिर; बाण; महोदय।

सरकार—राजकाज चलानेवाला शासन, हुकूमत।

सरगना—किसी गिरोह का मुखिया।

सरपंच—पंचों का प्रधान, पंचायत का मुखिया।

सरल—जो टेढ़ा न हो, सीधा, सीधे स्वभाव का, आसान।

सराय—यात्रियों के ठहरने का स्थान, धर्मशाला।

सरिता—नदी, धारा।

सरीसृप—रेंगनेवाले जंतु।

सरोकार—वास्ता, ताल्लुक, संबंध।

सरोवर—तालाब, झील, ताल।

सरौता—सुपारी आदि काटने का औज़ार।

सर्कस—जानवरों और इनसानों के करतब का प्रदर्शन।

सर्द—ठंडा, फीका; उदास, बेरौनक।

सर्दी—ठंड, जाड़ा, शीत।

सर्राफ़—सोने-चाँदी का व्यापारी।

सर्वज्ञ—सबकुछ जाननेवाला।

सर्वत्र—सब जगह।

सर्वथा—सब तरह से, बिलकुल।

सर्वदा—हमेशा, सदा।

सर्वनाश—बरबादी, तबाही, विनाश।

सर्वश्रेष्ठ—सबसे अच्छा, सबसे उच्च।

सर्वोच्च—सबसे ऊँचा, सबसे बड़ा।

सर्वोत्तम—सबसे बढ़िया, सबसे उत्तम।

सलाख—लोहे आदि धातु की बनी लंबी छड़, सलाई।

सलाद—कटी हुई सब्ज़ी या फलों का कच्चा या अधपका मिश्रण।

सलाम—नमस्ते करने का मुसलिम तरीक़ा, आदाब।

सलीक़ा—किसी काम को अच्छी तरह और सफ़ाई से करने का ढंग, तरीक़ा, तमीज, शऊर, शिष्टता।

सलीब—लकड़ी की सूली, जिसपर पुराने ज़माने में लोगों को मौत की सज़ा दी जाती थी, क्रॉस।

सलोना—सुंदर, कोमलता भरा, लावण्य से भरा हुआ।

सल्तनत—शासन, साम्राज्य, हुकूमत।

सहन—आँगन; बरदाश्त।

सहनशील—बरदाश्त करनेवाला, धैर्यवान्।

सहपाठी—स्कूल, कॉलेज इत्यादि में साथ पढ़नेवाला।

सहमत—एक जैसी राय रखनेवाले, एकमत।

सहसा—अचानक, एकाएक।

सहस्त्र—हज़ार।

सहायता—मदद।

सहोदर—एक ही माँ से उत्पन्न, सगा।

साँकल—ज़ंजीर, सिकड़ी।

सांख्यिकी—गणित की एक शाखा, जिसमें संख्याओं या आँकड़ों के आधार पर निष्कर्ष निकाले जाते हैं, स्टैटिसटिक्स।

साँचा—मोम, धातु आदि को तरल पदार्थ के रूप में डालने पर ढाँचे की शक्ल की चीज़।

साँझ—शाम, संध्या, सायंकाल।

सांत्वना—ढाढ़स, तसल्ली, दिलासा।

सांप्रदायिकता—अपने संप्रदाय या धार्मिक गुट को ही अच्छा मानते हुए दूसरे संप्रदाय का सम्मान न करना।

साईस—घोड़े की देखभाल करनेवाला।

साक्षात्—आँखों के सामने, हूबहू, प्रत्यक्ष।

साक्षात्कार—मुलाक़ात, भेंट, इंटरव्यू।

साक्षी—गवाह, गबाही।

सागवान—चौड़े पत्तोंवाला एक पेड़।

साज़िश—किसी को नुकसान पहुँचाने के लिए चोरी-छिपे मिलकर योजना बनाना।

साझा—जिसमें एक से अधिक लोगों का हिस्सा हो, भागीदारी, हिस्सेदारी।

सादर—आदर के साथ।

साधारण—मामूली, सामान्य।

साधु—संत, महात्मा, मुनि।

साप्ताहिक—हर हफ़्ते होनेवाला।

साफ़ा—सिर पर बाँधने का पगड़ी की तरह का एक लंबा कपड़ा।

साबुत—समूचा, पूरा।

सामंत—ज़मींदार।

सामान्य—मामूली, साधारण।

सामवेद—चार वेदों में से तीसरा वेद, जिसमें यज्ञ के समय गाए जानेवाले मंत्र हैं।

सायंकाल—शाम का वक़्त, संध्या।

साया—परछाईं, छाया; पेटीकोट।

सारंगी—तारों का बाजा।

सार—किसी चीज़ की मुख्य बातें, हिस्से या अंश, संक्षेप।

सारथि—रथ चलानेवाला; साथी।

सारस—हंस की तरह का लंबे पैरोंवाला और लंबी चोंचवाला एक पक्षी।

सारांश—सार, मुख्य बातें, संक्षेप।

सारिका—मैना पक्षी।

सालाना—हर साल होनेवाला, वार्षिक।

सावन—भारतीय पंचांग के हिसाब से पाँचवाँ महीना, श्रावण।

साहस—हिम्मत, हौसला, निडरता।

साही—एक छोटा जानवर, जिसके सारे शरीर पर लंबे-लंबे काँटे होते हैं।

सिंधु—जम्मू-कश्मीर के पास बहनेवाली नदी, एक सभ्यता।

सिंह—विडाल वंश का एक हिंसक जीव, शेर; एक राशि।

सिंहनी—शेरनी।

सिंहासन—राजा एवं देवता के बैठने का आसन, जिसपर बैठकर वह राज-काज करता है, राजगद्दी।

सिकोरा—मिट्टी का कटोरा, कुल्हड़, कसोरा।

सिक्ख, सिख—गुरु नानक द्वारा चलाया गया एक पंथ, जो अब एक अलग धर्म बन गया है।

सिग्नल—एक यंत्र जो गाड़ी चलानेवाले को रुकने या आगे बढ़ने का इशारा देता है।

सितार—सात तारोंवाला एक बाजा।

सितारा—तारा, नक्षत्र।

सिद्ध—सबूत, प्रमाण, प्रमाणित; किसी काम का पूरा होना, संपन्न।

सिधारना—मर जाना, प्रस्थान करना।

सिनेमा—सिनेमाघर में दिखाई जानेवाली फ़िल्म, चलचित्र, छायाचित्र।

सिफ़र—ज़ीरो, शून्य; बेकार, अयोग्य।

सिफ़ारिश—किसी की तरफ़दारी करना या पक्ष लेना, किसी के फ़ायदे के लिए उसकी प्रशंसा करना।

सियासत—राजनीति।

सिरहाना—चारपाई का वह हिस्सा जिधर सिर करके सोया जाता है।

सिल—चट्टान, पत्थर, मसाला इत्यादि पीसने का पत्थर का चौड़ा-चपटा टुकड़ा।

सिलवट—कपड़े के मुड़ने से उसपर पड़े हुए निशान, सिकुड़न।

सिल्क—रेशम।

सिसकी—सिसकने की आवाज़।

सींक—सूखी हुई घास आदि की पतली तीली, सींकवाली झाड़ू।

सींग—जानवरों के सिर पर निकली एक हड्डी।

सीना—छाती, वक्षस्थल, सिलाई का काम।

सीप—समुद्र में पाए जानेवाले एक जीव का कड़ा और चमकीला खोल, सीपी।

सीमा—हद, जिस किनारे या छोर तक कोई स्थान फैला हुआ हो।

सीमित—सीमा में बँधा हुआ; कम, थोड़ा।

सीरियल—टेलीविज़न में कई हिस्सों में बाँटकर लगातार हर दिन या हफ़्ते दिखाए जानेवाले कार्यक्रम, धारावाहिक।

सील—मुहर, ठप्पा, नमी, सीलन।

सुकुमार—जिसके अंग कोमल हों, नाज़ुक।

सुखद—सुख देनेवाला, आनंद देनेवाला, सुखदायी।

सुगंध—अच्छी गंध, ख़ुशबू।

सुग्गा—तोता।

सुघड़—जिसकी बनावट सुंदर हो (सुघड़ मूर्ति); किसी काम में माहिर, निपुण।

सुचारु—बढ़िया, व्यवस्थित, ठीक।

सुडौल—शरीर की अच्छी बनावटवाला।

सुतली—सन के रेशों से बनी हुई पतली रस्सी, डोरी।

सुदूर—बहुत दूर का।

सुदृढ़—बहुत दृढ़, ख़ूब मज़बूत, अटूट।

सुध—होश, याद, चेत, ख़बर।

सुधा—अमृत; रक्त; शहद; दूध।

सुनसान—वीरान, निर्जन।

सुनहरा, सुनहला—सोने के रंग का।

सुपाच्य—आसानी से पचनेवाला।

सुपाठ्य—जिसे आसानी से पढ़ा जा सके।

सुपुर्द—किसी को सौंपा हुआ, हवाले किया हुआ।

सुप्त—सोया हुआ, छिपा हुआ, दबा हुआ।

सुबोध—जो आसानी से समझ में आए।

सुम—गाय, बैल, घोड़े इत्यादि का खुर।

सुमन—फूल, प्रशून।

सुरंग—ज़मीन के नीचे या पहाड़ के बीच से खोदकर बनाया गया रास्ता।

सुर—स्वर, आवाज़, संगीत की ध्वनियाँ, देवता।

सुरक्षा—बचाव, रखवाली, हिफ़ाजत।

सुरभि—ख़ुशबू, सुगंध।

सुरमई—सुरमे के रंग का, हलका स्लेटी।

सुरमा—एक खनिज पदार्थ, जिसके बारीक चूरे को आँख में काजल की तरह से लगाया जाता है, अंजन।

सुरम्य—मनोहर, रमणीक।

सुरा—शराब, मद्य, सोम; साँप।

सुराख़—छेद।

सुराग़—ऐसा निशान जिससे छिपी हुई वस्तु, व्यक्ति या रहस्य का पता लग सके।

सुरीला—मीठे सुरवाला।

सुरुचि—अच्छी रुचि; सुंदर।

सुर्ख़—लाल, रक्त।

सुलभ—जो आसानी से मिल सके।

सुलह—मेल, समझौता।

सुलूक, सलूक—बरताव, व्यवहार, आचरण।

सुलेख—सुंदर लिखाई।

सुवास—ख़ुशबू, सुगंध।

सुशील—सज्जन, सच्चरित्र।

सुषमा—सुंदरता, प्राकृतिक सौंदर्य।

सुहाना—मन को अच्छा लगना, पसंद आना।

सूँड़—हाथी की लंबी नाक, जो ज़मीन तक लटकी रहती है।

सूक्ति—सुंदर उक्ति, पद्य।

सूक्ष्म—बहुत छोटा, बहुत बारीक।

सूक्ष्मदर्शी—छोटी वस्तु को बड़ा दिखानेवाला यंत्र, ख़ुर्दबीन, माइक्रोस्कोप; कुशाग्र, बुद्धिमान्।

सूजी—गेहूँ का दरदरा (दानेदार) आटा, रवा।

सूत्र—सूत, धागा; गहरी बात; गणित, भौतिकी आदि में प्रयुक्त होनेवाला शब्द या सिद्धांत।

सूद—उधार दिए गए रुपए पर मुनाफ़ा या लाभ, ब्याज।

सूफ़ी—मुसलमानों का एक संप्रदाय, इस संप्रदाय को माननेवाला संत।

सूरमा—बहादुर, शूरवीर, योद्धा।

सूर्यास्त—सूर्य का डूबना।

सूर्योदय—सूर्य का निकलना।

सूली—लोहे की नुकीली छड़ पर बैठाकर दी गई मौत की सज़ा।

सेंध—दीवार तोड़कर चोरी करने के लिए बनाया गया छेद।

सेंधा—लाहौरी नमक, सिंधु नदी के पास का एक खनिज नमक।

सेज—बिस्तर, बिछौना, शय्या।

सेतु—पुल; मेंड़, बाँध, मर्यादा।

सेम—फलीवाली एक सब्ज़ी।

सेमल—एक बड़ा पेड़, जिसके फलों से रुई निकलती है।

सेहत—स्वास्थ्य, तंदुरुस्ती।

सेहरा—एक प्रकार का मुकुट, जिसे शादी में दूल्हा पहनता है; शादी के मौक़े पर गाया जानेवाला एक गीत।

सैकड़ा—सौ का समूह।

सैलानी—सैर करने का शौक़ीन, घुमक्कड़।

सोंटा—लाठी, डंडा, मोटी छड़ी।

सोंठ—सुखाया हुआ अदरक।

सोख्ता—स्याही सोख काग़ज़, ब्लॉटिंग पेपर।

सोहबत—साथ, संगत।

सौंदर्य—ख़ूबसूरती, सुंदरता।

सौगंध—क़सम, शपथ।

सौग़ात—तोहफ़ा, भेंट, उपहार।

सौत—पति की दूसरी पत्नी।

सौतेला—सौत से पैदा हुआ।

सौभाग्य—अच्छा भाग्य।

सौरमंडल—सूर्य और उसकी परिक्रमा करनेवाले ग्रहों का समूह।

स्टीमर—भाप से चलनेवाला पानी का छोटा जहाज़।

स्तंभ—खंभा; समाचार-पत्र में कॉलम; सहारा।

स्तनपायी—वे जीव जो माँ के स्तन से दूध पीकर बड़े हों।

स्तब्ध—भौचक, हैरान।

स्तुति—गुणगान, तारीफ़, प्रशंसा, खुशामद,

चापलूसी।

स्थूल—मोटा; बड़ा; घना; बली।

स्नातक—जिसने बी.ए. की डिग्री प्राप्त की हो, ग्रेजुएट।

स्नायु—रग, नाड़ी, नस।

स्निग्ध—जिसमें नमी और चिकनाई हो, आर्द्र।

स्नेह—प्यार, प्रेम।

स्पंदन—कंपन, धड़कन।

स्पर्द्धा—मुक़ाबला, होड़, कंपीटिशन।

स्पर्श—छूना, संपर्क।

स्फटिक—सफ़ेद रंग का क़ीमती पत्थर।

स्याह—काला।

स्राव—बहना, टपकना, रिसना।

स्रोत—झरना, सोता, ज़रिया, साधन।

स्वतंत्र—आज़ाद, स्वाधीन।

स्वदेश—अपना देश, मातृभूमि।

स्वयंवर—विवाह की एक प्रथा, जिसमें सभा में आए लड़कों में दुलहन अपनी इच्छा से चुनकर उसके गले में वरमाला डालती हो।

स्वर्ग—जन्नत, देवलोक।

स्वस्तिक—शुभ माना जानेवाला एक चिह्न (卐)।

स्वाँग—हँसी-मज़ाक़ या धोखा देने के लिए धारण किया जानेवाला भेष।

स्वाभिमान—अपनी इज़्ज़त या प्रतिष्ठा का ख़याल, आत्मसम्मान।

स्वावलंबी—आत्मनिर्भर, अपने बल पर।

स्वेच्छा—अपनी इच्छा, मनमरज़ी।

स्वेद—पसीना।

ह

ह—देवनागरी वर्णमाला का अंतिम वर्ण।

हंगामा—हलचल, उपद्रव, लड़ाई-झगड़ा, शोरगुल, हल्ला।

हँड़िया—लोटे के आकार का मिट्टी का बरतन।

हंस—पानी में रहनेवाला बतख़ की तरह का पक्षी।

हँसमुख—ख़ुशमिज़ाज, हमेशा प्रसन्न रहनेवाला।

हँसिया—फसल काटने का एक औज़ार।

हँसी—हँसने की क्रिया।

हकला—जो हकलाकर बोले।

हकीम—यूनानी चिकित्सा का डॉक्टर, ज्ञानी।

हक्काबक्का—हैरान, दंग, चकित, भौचक, स्तंभित।

हज—मक्का-मदीना की तीर्थयात्रा, जिसका मुसलमानों में बहुत महत्त्व है।

हजामत—सिर के बाल और दाढ़ी बनाए जाने का काम।

हठी—जिद्दी, हठ करनेवाला।

हड़ताल—अपनी माँग या अन्याय के विरुद्ध लोगों के समूह द्वारा काम बंद करना।

हड़पना—छीन लेना, ज़ोर-ज़बरदस्ती से ले लेना; जल्दी-जल्दी खा जाना, निगलना।

हड़बड़ी—जल्दबाज़ी, घबराहट।

हताश—दुःखी, निराश।

हताहत—मारे गए तथा घायल।

हतोत्साह—जिसका उत्साह टूट गया हो, जो हिम्मत हार बैठे।

हत्था—मूठ, हैंडिल।

हत्या—जान से मार डालना, ख़ून, वध।

हत्यारा—हत्या करनेवाला, ख़ूनी।

हथियाना—किसी चीज़ को ज़बरदस्ती अपने कब्ज़े में कर लेना।

हथियार—लड़ाई के साधन, अस्त्र-शस्त्र।

हथेली—कलाई के आगे का चौड़ा हिस्सा, जिसमें मुट्ठी बंद होती है।

हथौड़ा—कील ठोंकने, कोई चीज़ तोड़ने या पीटने के काम आनेवाला औज़ार।

हद—छोर, किनारा, सीमा।

हमजोली—साथी, दोस्त, मित्र।

हमला—मारने को दौड़ना, वार, आक्रमण।

हरकत—शरारत, ग़लत काम; हिलना-डुलना, गति, स्पंदन।

हरण—भगा ले जाना, छीन लेना, दूर करना, नष्ट करना।

हरसिंगार—एक पेड़ और उसपर खिलनेवाले सफ़ेद-नारंगी रंग के छोटे-छोटे फूल, पारिजात।

हर्ष—ख़ुशी, प्रसन्नता।

हलक—गले की नली, कंठ।

हलका, हल्का—जो भारी न हो, कम वज़न का; धीमा।

हलचल—गहमागहमी, चहल-पहल, खलबली, उत्तेजना।

हवन—मंत्र पढ़कर देवता के लिए दी जानेवाली आहुति, होम करना।

हवलदार—फौज या पुलिस में एक छोटा अफसर जिसके अधीन कुछ सिपाही होते हैं।

हवस—लालच, लालसा, तीव्र इच्छा।

हवाई अड्डा—हवाई जहाज़ों के आने-जाने की जगह।

हवादार—जहाँ चारों ओर से हवा आती हो।

हवालात—थाने का वह हिस्सा, जहाँ मुकदमे के फैसले होने से पहले गिरफ़्तार अपराधी को रखा जाता है, हिरासत।

हवेली—चार दिवारीवाला ऊँचा हवादार, पुराने ढंग का मकान।

हसरत—कुछ करने, पाने व बनने की ज़बरदस्त चाह, अरमान, लालसा।

हस्त—हाथ; हाथी की सूँड़।

हस्तक्षेप—दूसरों की बात या काम में दख़ल देना।

हस्ताक्षर—अपने हाथ से ख़ास ढंग से लिखा गया अपना नाम, दस्तख़त।

हाज़मा—खाना पचाने या हज़म करने की ताक़त, पाचन-शक्ति।

हाज़िर—मौजूद, उपस्थित।

हाज़िरजवाब—जो किसी मज़ाक या व्यंग्य भरी बात का तुरंत जवाब देने में माहिर हो।

हाज़िरी—मौजूदगी, उपस्थिति।

हाट—किसी गाँव या कस्बे में लगनेवाला साप्ताहिक बाज़ार।

हाथापाई—झगड़े में होनेवाली हलकी मारपीट।

हादसा—कुछ बुरा होना या घटना, दुर्घटना, विपदा।

हानि—नुक़सान, घाटा।

हानिकारक—नुक़सानदेह, हानिकर।

हामी—किसी बात या काम के लिए 'हाँ' कहना, स्वीकृति।

हार्दिक—दिल या मन से निकला हुआ।

हासिल—पाया हुआ, प्राप्त, गणित में जोड़नेवाली संख्या की दहाई संख्या, जिसे आगे जोड़ा जाता है, किसी संख्या के पूरी तरह विभाजित न होने पर बचनेवाली संख्या।

हास्य—जिसे देख-सुन व पढ़कर हँसी आए।

हाहाकार—कष्ट, भय और घबराहट के कारण होनेवाली चीख़-पुकार।

हिंडोला—पालना, झूला, उड़नखटोला।

हिंसक—हिंसा करनेवाला।

हिचकना—संकोच करना, झिझकना।

हिचकी—गले से उठनेवाली हिच-हिच की आवाज़।

हिज्जे—किसी शब्द में आए हुए वर्णों तथा मात्राओं को अलग-अलग कहना, वर्ण विकृति।

हित—भलाई, कल्याण, फ़ायदा।

हितैषी—शुभचिंतक।

हिनहिनाना—घोड़े का मुँह से आवाज़ करना।

हिफ़ाजत—सँभाल, देख-भाल, देख-रेख, सुरक्षा।

हिमपात—बर्फ़ का गिरना।

हिमशैल—समुद्र में तैरती हुई बर्फ़ की पहाड़ी, जिसका अधिकतर भाग पानी के भीतर होता है।

हिमांशु—चंद्रमा, कपूर।

हिरण—सींगवाला एक चौपाया जानवर, जो बहुत तेज़ भागता है, हिरन, मृग।

हिलोर—लहर, तरंग।

हिसाब—गणित का कोई सवाल; कमाई और ख़र्चे का ब्योरा या लेखा-जोखा।

हिस्सा—किसी चीज़ के कई टुकड़ों में से एक, भाग, अंश।

हींग—बहुत तेज़ महकवाले पौधे का गोंद, जिसका इस्तेमाल मसाले और दवाओं में होता है।

हीन—कमज़ोर, दबा हुआ, गया-बीता, दीन, किसी विशेषता या गुण का न होना; रहित।

हुंकार—गरजना, गुर्राना, गर्जन।

हुक—मुड़ी हुई कील, जिसमें या जिससे कोई चीज़ फँसाई जाती है।

हुकूमत—राज, शासन, अधिकार।

हुक़्क़ा—चिलम और दो नलियोंवाला तंबाकू पीने का एक यंत्र।

हुक़्म—आज्ञा, आदेश।

हुज़ूर—आदर का संबोधन, जनाब, श्रीमान्।

हुदहुद—कठफोड़वा पक्षी।

हुनर—निपुणता, दक्षता, कला।

हुलिया—चेहरे की बनावट, शक्ल-सूरत, रंग-रूप।

हूबहू—एकदम वैसा ही, ज्यों-का-त्यों।

हृदय—दिल, कलेजा, मन, अंत:करण।

हृष्ट-पुष्ट—हट्टा-कट्टा, मोटा-ताज़ा, स्वस्थ।

हेकड़ी—अकड़, ऐंठ।

हेमंत—छह ऋतुओं में से एक जो शरत् के बाद और शिशिर के पहले पड़ती है।

हेर-फेर—अदल-बदल करना, परिवर्तन; चालबाज़ी।

हैज़ा—दस्त और क़ै की भयंकर बीमारी, जो महामारी का रूप भी ले लेती है।

हैरत—हैरानी, आश्चर्य।

हैवान—जानवर, पशु, गँवार, उजड्ड।

हैसियत—औकात, सामर्थ्य, सामाजिक प्रतिष्ठा, इज़्ज़त, दर्जा, ओहदा, पद।

होंठ—दाँतों को ढकनेवाला ऊपर और नीचे का हिस्सा, ओष्ठ।

होड़—इच्छा, मुक़ाबला, स्पर्धा।

होनहार—जिस घटना या बात के भविष्य में होने की पूरी संभावना हो; किसी व्यक्ति के सफल होने की उम्मीद।

होम—यज्ञ की अग्नि में घी, जौ, सामग्री इत्यादि डालना, हवन।

होली—फाल्गुन की पूर्णिमा के दिन मनाया जानेवाला हिंदुओं का एक बड़ा त्योहार, जिसमें लोग आग जलाकर नवान्न की बालियाँ भूनकर एक-दूसरे को बाँटते और गले मिलते हैं।

हौआ—एक काल्पनिक, डरावना प्राणी, हौवा।

हौज—हौदा, बड़ा टब।

हौसला—उत्साह, हिम्मत, साहस।

ह्वेल—बहुत बड़े आकार का स्तनपायी जंतु।

□

तत्सम-तद्भव शब्द

तत्सम	तद्भव	तत्सम	तद्भव
अंध	अंधा	घृत	घी
अग्नि	आग	चंद्र	चाँद
आश्रय	आसरा	चतुर्थ	चौथा
आम्र	आम	चतुर्दश	चौदह
ओष्ठ	ओठ	चतुष्पादिक	चौकी
उष्ट्र	ऊँट	चत्वारि	चार
कटि	कमर	चर्म	चाम
कपाट	किवाड़	चर्मकार	चमार
कर्ण	कान	चूर्ण	चूरन
कर्पूर	कपूर	छत्र	छाता
काक	कौआ	जिह्वा	जीभ
कार्य	काम	ज्येष्ठ	जेठ
काष्ठ	काठ	तिक्त	तीता
कीट	कीड़ा	ताम्र	ताँबा
कूप	कुआँ	त्वरित	तुरत
कोकिल	कोयल	दंत	दाँत
कोष्ठ	कोठा	दधि	दही
क्षीर	दूध	दुग्ध	दूध
गृह	घर	धातृ	धाय
गोविष्ठ	गोबर	धृत	ढीठ
गौर	गोरा	नासिका	नाक
ग्राम	गाँव	निंब	नीम
घट	घड़ा	नृत्य	नाच

तत्सम	तद्‌भव	तत्सम	तद्‌भव
पक्व	पका	शत	सौ
पक्ष	पंख	शय्या	सेज
पत्र	पत्ता	शलांका	सलाई
पिंजर	पिंजड़ा	शल्क	छिलका
पुष्प	फूल	शिला	सिल
पृष्ठ	पीठ	शीत	ठंड
प्रहर	पहर	शुष्क	सूखा
प्रस्तर	पत्थर	श्रृंखला	साँकल / सीकड़
प्रांगण	आँगन	श्याम	साँवला
भिक्षा	भीख	संध्या	साँझ
भित्ति	भीत	सपत्नी	सौत
मया	मैं	सर्प	साँप
मयूर	मोर	स्कंध	कंधा
मस्तक	माथा	स्नेह	नेह
मुख	मुँह	स्वप्न	सपना
मौक्तिक	मोती	सायं	शाम
रज्जु	रस्सी	सूचि	सुई
रविवार	इतवार	सूत्र	सूत
लक्ष	लाख	सौभाग्य	सुहाग
वत्स	बच्चा	हल	हर
वार्त्ता	बात	हस्त	हाथ
वाष्प	भाफ / भाप	हस्ती	हाथी

□

विलोम शब्द (विपरीतार्थक शब्द)

अ

अंतर	—	बाह्य
अच्छा	—	बुरा
अतिवृष्टि	—	अनावृष्टि
अनुकूल	—	प्रतिकूल
अनुराग	—	विराग
अपना	—	पराया
अबला	—	सबला
अमीर	—	गरीब
असली	—	नकली
अर्वाचीन (आधुनिक)	—	प्राचीन

आ

आकाश	—	पाताल
आदर	—	अनादर
आदान	—	प्रदान
आदि	—	अंत
आनंद	—	शोक
आय	—	व्यय
आयात	—	निर्यात
आरोह	—	अवरोह
आवश्यक	—	अनावश्यक
आशा	—	निराशा
आस्तिक	—	नास्तिक

इ-ई

इच्छुक	—	अनिच्छुक
इहलोक	—	परलोक
ईमानदार	—	बेईमान

उ-ऊ

उचित	—	अनुचित
उजाला	—	अँधेरा
उठना	—	गिरना
उत्कर्ष	—	अपकर्ष
उत्कृष्ट	—	अपकृष्ट/निकृष्ट
उत्तीर्ण	—	अनुत्तीर्ण
उत्थान	—	पतन
उत्साह	—	अनुत्साह
उथला	—	गहरा
उदय	—	अस्त
उदयाचल	—	अस्ताचल
उदात्त	—	अनुदात्त
उदार	—	अनुदार
उन्नति	—	अवनति
उपकार	—	अपकार
उपयुक्त	—	अनुपयुक्त

उपस्थित — अनुपस्थित
उलटा — सीधा
ऊँच — नीच
ऊसर — उपजाऊ

ए-ऐ

एड़ी — चोटी
एक — अनेक

क-ग

कपटी — निष्कपट
कर्तव्य — अकर्तव्य
कोमल — कर्कश/कठोर
कीर्ति — अपकीर्ति
कृष्ण — शुक्ल
कृतज्ञ — कृतघ्न
क्रय — विक्रय
क्रूर — दयालु
क्षणभंगुर — शाश्वत
क्षणिक — स्थायी
क्षत — अक्षत
क्षम — अक्षम
क्षुद्र — उदार
खंडन — मंडन
गाढ़ा — पतला
ग्राह्य — अग्राह्य

च-ड

चंचल — अचंचल, स्थिर
चढ़ाई — उतराई
चढ़ाव — उतार
चतुर — मूर्ख
चर — अचर
चल — अचल
चालाक — सरल
चिरजीवी — अल्पजीवी
चिरायु — अल्पायु
छली — निश्छल
जड़ — चेतन
जड़ (मूल) — फुनगी
जन्म — मरण
जमीन — आसमान
जल — थल
जीवन — मरण
जेय — अजेय
ज्ञात — अज्ञात
ज्येष्ठ — कनिष्ठ
डूबना — उतराना

त-ध

तर्क — कुतर्क
तीक्ष्ण — कुंठित
तीता — मीठा
तेज — सुस्त
त्याग — ग्रहण
थोक — खुदरा
दयालु — निर्दय
दाता — ग्राही
दानी — कृपण
दिन — रात
दिवा — निशा
दुर्बोध — सुबोध
दुरात्मा — महात्मा
दूरदर्शी — अदूरदर्शी
देय — अदेय
दोस्त — दुश्मन

दोषी — निर्दोष
द्वैत — अद्वैत
धनी — निर्धन
धर्म — अधर्म
धूप — छाँव / छाया

न

नगर — ग्राम
नमकहलाल — नमकहराम
नरम — कठोर
नवीन — प्राचीन
नागरिक — ग्रामीण
निंदा — प्रशंसा
निकट — दूर
निडर — डरपोक
निरर्थक — सार्थक
निरवधि — सावधि
निराश — उम्मीद
निर्जन — आबाद
निश्चित — अनिश्चित
नीति — अनीति
नूतन — पुरातन
नैसर्गिक — कृत्रिम / अनैसर्गिक
न्याय — अन्याय
न्यून — अधिक

प

पंडित — मूर्ख
पति — पत्नी
परिचित — अपरिचित
परिमित — अपरिमित
परिश्रम — विश्राम
पर्याप्त — अपर्याप्त
पवित्र — अपवित्र
पाक — नापाक
पाप — पुण्य
पुरस्कार — तिरस्कार
पूज्य — अपूज्य
पूर्ण — अपूर्ण
प्रकाश — अंधकार
प्रसन्नता — खेद
प्रसाद — विषाद
प्राकृतिक — अप्राकृतिक / कृत्रिम
प्राप्य — अप्राप्य
प्रेम — घृणा

ब-भ

बढ़िया — घटिया
बनाना — बिगाड़ना
बाढ़ — सूखा
बुद्धिहीन — बुद्धिमान्
बैर — प्रीति
भक्ष्य — अभक्ष्य
भला — बुरा

म

मंगल — अमंगल
मंद — तीव्र, तीक्ष्ण
मंदबुद्धि — तीक्ष्णबुद्धि
मान — अपमान
मिट्टी — सोना
मुश्किल — आसान
मूक — वाचाल
म्लान — अम्लान

य-ल

यश	—	अयश / अपयश
रत	—	निरत
राजा	—	प्रजा
रुचि	—	अरुचि
रुदन	—	हास
रोगी	—	नीरोगी
लोक	—	परलोक
लौकिक	—	अलौकिक / लोकोत्तर

व

वक्ता	—	श्रोता
विचलित	—	अविचलित / स्थिर, अडिग
विजय	—	पराजय
विद्वान्	—	मूर्ख
विधि	—	कुढंग
विनीत	—	दुर्विनीत
विवाहित	—	अविवाहित
विश्वास	—	अविश्वास
विष	—	अमृत
वृद्धि	—	ह्रास
व्यवस्था	—	अव्यवस्था

श

शकुन	—	अपशकुन
शत्रु	—	मित्र
शयन	—	जागरण
शहर	—	गाँव
शांत	—	अशांत
शासक	—	शासित
शिक्षक	—	छात्र
शिष्टाचार	—	अशिष्टाचार
शीत	—	उष्ण
शुद्ध	—	अशुद्ध
शुभ	—	अशुभ
श्रीमान्	—	श्रीहीन
श्रीयुक्त		श्रीहत

स

संकल्प	—	विकल्प
संक्षिप्त	—	विस्तृत
संधि	—	विग्रह
संपद	—	विपद
संभव	—	असंभव
संयोग	—	वियोग
संश्लिष्ट	—	विश्लिष्ट
संश्लेषण	—	विश्लेषण
सकलंक	—	निष्कलंक
सगुण	—	निर्गुण
सचेष्ट	—	निश्चेष्ट
सजीव	—	निर्जीव
सज्जन, सुजन	—	दुर्जन
सफल	—	असफल / विफल
ससीम	—	असीम
सहयोग	—	असहयोग
साकार	—	निराकार
साक्षर	—	निरक्षर
साधारण	—	असाधारण
साधु	—	असाधु
सापेक्ष	—	निरपेक्ष
सामिष	—	निरामिष
सार्थक	—	निरर्थक
सुंदर	—	असुंदर

सुकर्म	—	कुकर्म	सुलभ	—	दुर्लभ
सुकीर्ति	—	अपकीर्ति	सिर	—	पैर
सुख	—	दु:ख	सीत	—	घाम
सुखद	—	दु:खद	सृष्टि	—	प्रलय
सुगंध	—	दुर्गंध	सौभाग्य	—	दुर्भाग्य
सुगति	—	दुर्गति	स्तुति	—	निंदा
सुगम	—	दुर्गम	स्त्री	—	पुरुष
सुदर्शन	—	दु:दर्शन/कुदर्शन	स्थावर	—	जंगम
सुदिन	—	कुदिन	स्थूल	—	सूक्ष्म
सुपात्र	—	कुपात्र	स्पष्ट	—	अस्पष्ट
सुपुत्र	—	कुपुत्र	स्याह	—	सफ़ेद
सुभाव	—	कुभाव	स्वच्छ, निर्मल/		
सुमार्ग	—	कुमार्ग	विमल	—	मलिन/दूषित
सुयश	—	अपयश	स्वतंत्र	—	परतंत्र
सुयोग	—	दुर्योग	स्वर्ग	—	नरक
सुर	—	असुर	स्ववश	—	परवश
सुराज	—	कुराज	स्वाधीन	—	पराधीन
सुरुचि	—	कुरुचि	स्वामी	—	सेवक

पर्यायवाची शब्द

अ

अंधकार—तम, अँधेरा, तिमिर, तमस, तामस।

अग्नि—अनल, आग, पावक, दहन।

अद्‌भुत—आश्चर्य, अचंभा, अचरज, हैरानी, विस्मय।

अमृत—अमिय, सुधा, पायस, पीयूष, रस।

अहंकार—अभिमान, अहं, गर्व, दंभ, घमंड, गुमान, नाज़।

आ

आँख—अक्षि, नेत्र, नयन, लोचन, चक्षु, दृग।

आँधी-पानी—आँधी बरसात, बरसाती तूफ़ान, झंझा, झंझावात, बवंडर।

आँसू—अश्रु, आब, टसुआ, नेत्रांब, नयन-जल।

आकाश—आसमान, गगन, नभ, अंबर, व्योम।

आम—रसाल, आम्र, अमृतफल, अति सौरभ।

आनंद—सुख, प्रसन्नता, उल्लास, हर्ष, प्रमोद।

आश्रम—कुटी, मठ, अखाड़ा, विहार, संघ।

इ-औ

इंद्र—देवराज, मधवा, महेंद्र, सुरपति, मेघवाहन, सुरेश, वासव, अमरपति, पुरंदर, वृषा, शक्र।

इच्छा—अभिलाषा, चाह, कामना, मनोरथ, आकांक्षा।

उज्ज्वल—चकाचक, चमकदार, झक, शुभ्र, श्वेत, सफ़ेद, साफ़, स्वच्छ, गौर, धवल, शुक्ल, शुचि, सित।

औषध—भेषज, भेषज्य, दवा।

क-घ

कबूतर—कपोत, कलकंठ, परेवा, परैया, पारावत, हारीत, कामी, कोकदेव।

कमल—सरोज, जलज, पंकज, अरविंद, राजीव, वारिज, नलिन, शतदल, कुमुद, कैरब, पुंडरीक, अंभोज, कंज।

कान—कर्ण, श्रवण, श्रुति, श्रोत्र, श्रुतिधर।

कामदेव—अनंग, आत्मज, मनोज, मदन, रतीश, रतिपति, मयन, आत्मभू, कंदर्प, मनोभव, मन्मथ।

कोमल—नरम, नाजुक, मखमली, मुलायम, मृदु, मृदुल, रेशमी, सौम्य, सुकुमार।

कोयल—कोकिल, कोकिला, पिक, पिकी, मधुकंठ, सारंग, परभृत, वनप्रिय।

गंगा—जाह्नवी, देवनदी, भागीरथी, मंदाकिनी, सुरनदी, सुरसरि, विष्णुपदी।

गणेश—एकदंत, गजानन, लंबोदर, विनायक, गजमुख, शिव नंदन, हेरंब।

गृह—आगार, आलय, आवास, कुटी, गेह, धाम,

निकेतन, निलय, भवन, मंदिर, वास, वेश्म, शाला, सदन, घर, मकान।

घोड़ा—अश्व, हय, घोटक, तुरग, तुरंग, तुरंगम, बाजी।

च-ठ

चंद्रमा—अब्ज, इंदु, कलाधर, क्षपाकर, क्षपानाथ, चंद्र, चाँद, शशि।

चाँदनी—अँजोरी, उजियाली, कौमुदी, चंद्रिका, ज्योत्स्ना।

चोर—रजनीचर, तस्कर, खनक, साहसिक, मोषक।

जल—अंबु, अंब, अमृत, उदक, जीवन, तोय, नीर, पय, वारि, सलिल, शंबर।

तलवार—असि, करबाल, कृपाण, खंग, खड्ग, चंद्रहास।

तालाब—जलाशय, सरोवर, तड़ाग, सर, सरसी, पुष्कर, पल्वल, पुष्करिणी, सुर।

दुःख—कष्ट, संकट, शोक, क्लेश, वेदना।

दास—सेवक, नौकर, अनुचर, भृत्य, परिचारक।

देवता—अदिति नंदन, अमर, अमर्त्य, अस्वप्न, आदितेय, आदित्य, देव, निर्जर।

नदी—नद, सरिता, जलमाला, तटिनी, तरंगिणी, आपगा, सरित्, कल्लोलिनी, कूलकंषा, धुनि, निम्नगा, स्रोतस्वती।

नाक—घ्राण, नास, नासा, नासिका, प्राण रंध्र।

नाव—नौका, डोंगी, जलयान, पतंग, बेड़ा।

पंडित—सुधी, विद्वान्, मनीषी, प्राज्ञ, धीर, विचक्षण।

पक्षी—अंडज, खग, चिड़िया, नभचर, परिंदा, पंछी, खेचर, विहंग, द्विज, पतंग, पक्षरथ, विहंगम, विहग, शकुन, शकुनि, शकुंत।

पति—प्राणप्रिय, प्राणेश, पिया, बालम, स्वामी, सनम, साजन, स्वामी।

पतिव्रता—सती, साध्वी, सुचरित्रा।

पत्थर—अश्म, उपल, ग्रावा, पाषाण, प्रस्तर, शिला।

पत्नी—अर्द्धांगिनी, गृहिणी, घरनी, घरवाली त्रिया, भार्या, वधू, जापा, दारा, पाणिगृहीता, सहधर्मिणी।

पवित्र—पावन, पूत, मध्य, शुचि।

पहाड़—गिरि, भूधर, नग, नाग, पर्व, भूमिधर, शिखर, शैल, अचल, अद्रि, क्षमाभृत, गोत्र धर, पर्वत, महीधर, मेरु, शिखरी, शृंग।

पुत्र—तनय, सुत, कुमार, बेटा, लड़का, नंदन, पूत, आत्मज।

पुत्री—कन्या, तनया, तनुजा, दुहिता, नंदिनी, बेटी, लड़की, सुता।

पुष्प—कुसुम, प्रसून, फूल, सारंग, सुमन।

पृथ्वी—भू, भूमि, धरा, धरती, धरणी, वसुधा, वसुंधरा, अचला, अनंता, अवनि, अवनी, उर्वी, क्षमा, शिति, क्षोणि, गहरी, गोधरिणी।

बंदर—कपि, कीश, बानर, मर्कट, लांगूली, पिंगल, झंपाक, झंपी, प्लबग, प्लवंगम, वनौकस, बलीमुख, शारबभृग, हरि।

बाण—तीर, शर, विशिख, नाराच।

बाल—बच्चा, बालक, केश, सिर के बाल, लव, अलक, कच, मूर्धज, चिकुर, कुंतल, अत्मक, चूर्णकुंतल।

बिजली—चंचला, चपला, विद्युत्, बीजुरी, दामिनी, तड़ित, धनप्रिया, ऐरावती, क्षणप्रभा, शंपा, सौदामिनी।

ब्रह्मा—अंडज, अज, चतुरानन, प्रजापति, पितामह, विधाता, सदानंद, अनिधन, अठय जोनि, आत्मभू, कमला सनप, धाता, लोकेश, विधि।

भौंरा—अलि, भ्रमर, मधुकर, मधुप, अधुव्रत भृंग, चंचरीक, द्विरेफ, पुष्प लिह।

मंत्री—अमात्य, सचिव, वजीर, पंत, मिनिस्टर।

मछली—मत्स्य, झख, मीन, जलजीवन, सफरी,

झष (झख), अंडज, शकुली।

मनुष्य—नर, पुरुष, मनुज, मानव, मानुष, मर्त्य।

महादेव—शंभु, शिव, शंकर, पशुपति, महेश्वर, ईश, भव, भूतेश।

मुनि—यती, वैरागी, महात्मा, साधु, संन्यासी, वैरागी, संत, भिक्षु।

मेघ—घन, जलद, बादल, जलधर, वारिद, नीरद, पयोद, अब्र, अंबुभृत, जलभुच, जीमूत, धाराधर, मुदिर, वारिवाह।

मोर—कलापी, केकी, नीलकंठ, मयूर, शिखंडी, शिखी, सारंग, बर्ही, भुजंगभुज, शिखावल।

य-र

यमराज—काल, दंडधर, धर्मराज, प्रेतराज, यम, शमन, सूर्यसुत, अत्तक, कृतांत, जीवनपति, पति, समवर्ती।

यमुना—कालिंदी, जमुना, कृष्णा, रवितनया, अर्कजा, सूर्यसुता, सूर्यतनया।

राक्षस—असुर, तमीचर, निशाचर, भातु, रजनीचर, रात्रिचर, अस्त्रप, कर्बुर, कौणप, पुण्यजन, मनुजाद, रक्षस।

राजा—देव, नरपति, नृप, नृपति, नरेंद्र, नरेश, भूप, महीप, सम्राट्, नरनाथ, नरपाल, भूपति, भूभृत, महीश, महीपति।

रात—रात, निशा, रजनी, रैन, शर्वरी, विभावरी, क्षणदा, क्षपा, तमस्विनी, तमी, सिमाया, निशि, निशीथिनी, यामिनी, रात्रि।

ल-व

लक्ष्मी—इंदिरा, कमला, पद्मा, भार्गवी, माँ, रमा, लोकमाता, सीरोदतनया, पद्मालया, श्रीहरिप्रिया।

वाणी—ब्राह्मी, भारती, भाषा, वागीशा, वीणापाणि, शारदा, सरस्वती, गिरा, वाचा।

वायु—अनिल, पवन, समीर, मरुत, गंधवाह, वात, आशुग, गंधवह, नमस्वत्, श्वसन।

विष्णु—नारायण, केशव, माधव, गोविंद, दामोदर, रमेश, श्रीपति।

वृक्ष—तरु, द्रुम, पादप, विटप, अगम, पेड़, गाछ, महीरुह।

वेश्या—कोठेवाली, असुरा, कसबिन, रवानगी, गणवधू, रंडी, गणिका, वारस्त्री, वारांगणा।

श

शीघ्र—अविलंब, आशु, क्षिप्र, चपल, त्वरित, द्रुत, लघु, अविलंबित।

श्वेत—उनवदात, गौर, धवल, पांडर, शुक्ल, शुचि, शुभ्र।

स

सबेरा—सवेरा, सुबह, प्रातःकाल, बिहान, प्रभात, उषा, अरुण-काल, अहर्मुख, प्रत्यूष, प्रातः, विभात।

समुद्र—सागर, सिंधु, जलधि, पयोधि, वारीश, जलधाम, अकूपार, अपांपति, अब्धि, अर्णव, उदधि, जलनिधि, नदीश, पयोनिधि, पारावार, रत्नाकर, सरस्वत।

समूह—समुदाय, गण, संघ, पुंज, झुंड, टोली, जत्था।

सरस्वती—महाश्वेता, वागीश्वरी, वीणापाणि, शारदा, भारती।

साँप—सर्प, अहि, भुजंग, अजगर, उरग, मणिधर, हरि, व्याल।

सिंह—शार्दूल, व्याघ्र, पंचमुख, मृगराज, केसरी, महावीर।

सुंदर—सुहावना, मनोहर, रमणीक, ललित, रम्य।

सूर्य—कर, अरुण, आदित्य, रवि, सविता, भानु, दिनकर, अंशुमाली, अर्क, अहपति, अहस्कर,

ग्रहपति, तपन, तरणि, दिनमणि, पूषण।

सोना—कंचन, कनक, स्वर्ण, गांगेय, महारजत, कलधौत, कांचन, चाभीकर, जातरूप, सुवर्ण, जातक, हेम।

स्त्री--नारी, वनिता, महिला, कांता, रमणी, सुंदरी, अंगना, अबला, कामिनी, प्रमदा, भगिनी, महिला, भामिनी, ललना, वामा।

ह

हथियार—अस्त्र, आयुध, शस्त्र, पालाश, हरित, ग्रहरण, हरा।

हाथी—राज, करि, करी, कुंजर, कुंभी, गयंद, मतगज, मातंग, सारंग, गज, दंतावल, दंती, नाग, मतंग, वारण, सिंधुर, हस्ति।

हृदय—उर, छाती, वक्ष, वक्षस्थल, हिय, हिया।

अनेक शब्दों के लिए एक शब्द

1.	अंडे से उत्पन्न होनेवाला	अंडज
2.	अनिश्चित जीविका	आकाशवृत्ति
3.	अनुचित बात के लिए आग्रह	दुराग्रह
4.	अपनी हत्या	आत्महत्या
5.	आँखों के सामने	प्रत्यक्ष
6.	आकाश को चूमनेवाला	गगनचुंबी
7.	आत्मा से संबंध रखनेवाला	अध्यात्म
8.	इस लोक का	लौकिक
9.	इंद्रियों को जीतनेवाला	जितेंद्रिय
10.	उच्च कुल में उत्पन्न हुआ	कुलीन
11.	उपकार के बदले किया गया उपकार	प्रत्युपकार
12.	एक ही माता से जन्म लेनेवाला	सहोदर
13.	एक ही समय में रहनेवाला	समसामयिक
14.	ओछी जाति में जन्म लेनेवाला	अंत्यज
15.	कम बोलनेवाला	अल्पभाषी
16.	काँटों से भरा हुआ	कंटकाकीर्ण
17.	कानून के विरुद्ध	ग़ैरकानूनी
18.	घुटने तक जिसके हाथ हों	आजानुबाहु
19.	जन्म लेते ही मर जाना	आदंडपात
20.	जल की सवारी	जलयान
21.	जानने की इच्छा रखनेवाला	जिज्ञासु
22.	जिसका शत्रु जनमा ही न हो	अजातशत्रु
23.	जिसका पति मर गया हो	विधवा
24.	जिसका जन्म पीछे हुआ हो	अनुज
25.	जिसका जन्म पहले हुआ हो	अग्रज
26.	जिसका दूसरा उपाय न हो	अनन्योपाय
27.	जिसका मन किसी दूसरी ओर हो	अन्यमनस्क
28.	जिसका दमन करना कठिन हो	दुर्दम्य
29.	जिसका मूल न हो	निर्मूल
30.	जिसका आधार न हो	निराधार
31.	जिसकी उपमा न हो	अनुपम
32.	जिसकी आशा नहीं की गई हो	अप्रत्याशित
33.	जिसकी गरदन कबूतर की तरह (सुंदर) हो	कपोतग्रीव
34.	जिसकी चार भुजाएँ हैं	चतुर्भुज
35.	जिस स्त्री को सूर्य भी न देख सके	असूर्यंपश्या
36.	जिसे टाला न जा सके	अनिवार्य
37.	जिसे कोई जीत न सके	अजेय
38.	जिसे छेदा या तोड़ा न जा सके	अभेद्य
39.	जिसके हाथ में चक्र है	चक्रपाणि
40.	जिसके चार पैर हों	चतुष्पद

41. जिसके दशमुख हैं — दशानन
42. जिसके आर-पार देखा जा सके — पारदर्शक
43. जिसके हाथ में वज्र हो — वज्रपाणि
44. जिसके हाथ में वीणा हो — वीणापाणि
45. जिसके हाथ में शूल हो — शूलपाणि
46. जिसके बराबर दूसरा न हो — अद्वितीय
47. जिसकी पत्नी मर गई हो — विधुर
48. जिसके आर-पार न देखा जा सके — अपारदर्शक
49. जिसे लाँघना कठिन हो — दुर्लंघ्य
50. जिसे समझना कठिन हो — दुर्बोध
51. जिसे कभी बुढ़ापा न आए — अजर
52. जिसे ईश्वर में विश्वास न हो — नास्तिक
53. जिसे ईश्वर में विश्वास हो — आस्तिक
54. जो कहा न जा सके — अकथनीय
55. जो मापा न जा सके — अपरिमेय
56. जो प्रमाण द्वारा सिद्ध न हो सके — अप्रमेय
57. जो इंद्रियों द्वारा समझा न जा सके — अगोचर
58. जो दूर या भविष्य की बात सोचता है — अग्रशोची
59. जो सबसे आगे रहे — अग्रणी, अग्रसर
60. जो देखा न जा सके — अलक्ष्य
61. जो उर (छाती) के बल चलता है (साँप) — उरग
62. जो इच्छा के अधीन हो — ऐच्छिक
63. जो उपकार मानता है — कृतज्ञ
64. जो उपकार नहीं मानता है — कृतघ्न
65. जो कल्पना से परे हो — कल्पनातीत
66. जो इंद्रियों के ज्ञान के बाहर हो — गोतीत
67. जो बहुत समय तक ठहरे — चिरस्थायी
68. जो जन्म से अंधा हो — जन्मांध
69. जो ठेंगे के समान नाटा हो — ठिंगना
70. जो देखने योग्य हो — द्रष्टव्य
71. जहाँ जाना कठिन हो — दुर्गम्य
72. जो देखने में प्रिय लगे — प्रियदर्शी
73. जो परदे के भीतर रहे — परदानशीं
74. जो पृथ्वी के भीतर का हाल जानता हो — भूगर्भवेत्ता
75. जो पहले था या हुआ — भूतपूर्व
76. जो आसानी से पच जाए — लघुपाक / सुपाच्य
77. जो बुरी आदतों में फँसा हो — विषयासक्त
78. जो सबकुछ जानता हो — सर्वज्ञ
79. जो वेद जानता हो — वेदज्ञ
80. जो मांस नहीं खाता — निरामिष
81. जो मांस खाता हो — मांसाहारी
82. जो बहुत बोलता हो — वाचाल
83. जानने की इच्छा — जिज्ञासा
84. जो क्षमा करने योग्य हो — क्षम्य
85. जो क्षमा करने योग्य न हो — अक्षम्य
86. जो संगीत जानता हो — संगीतज्ञ
87. जो अनुकरण करने योग्य हो — अनुकरणीय
88. जहाँ पहुँचा न जा सके — अगम्य
89. जो सबकुछ जानता हो — सर्वज्ञ
90. जो नया आया हुआ हो — नवागंतुक
91. जो मर न सके — अमर
92. जो दूसरे के अधीन हो — पराधीन
93. जो नष्ट होनेवाला हो — नश्वर
94. जो दूसरों का उपकार करे — परोपकारी
95. जो सोचने योग्य न हो — अचिंत्य

96. तालाब में उत्पन्न होनेवाला सरसिज
97. तेज या प्रतिभा से रहित निस्तेज
98. थोड़ा जाननेवाला अल्पज्ञ
99. दिल खोलकर कहना या गाना मुक्तकंठ
100. दिल खोलकर (खुले हाथ) मुक्तहस्त
101. धन का देवता कुबेर
102. न बहुत ठंडा और न बहुत गरम समशीतोष्ण
103. पति के द्वारा छोड़ दी गई स्त्री परित्यक्ता
104. परम अर्थ अर्थात् मोक्ष या ब्रह्म परमार्थ
105. परलोक का हो पारलौकिक
106. पसीने से उत्पन्न जीव स्वेदज
107. पेट की आग (भूख) जठराग्नि
108. प्राणदायक अथवा जीवन देनेवाली प्राणदा
109. बहुत बढ़ाकर कहना अतिशयोक्ति
110. बहुत तेज चलनेवाला द्रुतगामी
111. बहुत दूर तक देखनेवाला दूरदर्शी
112. बार-बार कही गई बात पुनरुक्ति
113. बिना वेतन का अवैतनिक
114. बिना पलक गिराए, एकटक निर्निमेष
115. बिजली की तरह चमकवाला विद्युत्प्रभ
116. बिना विचारे किया गया विश्वास अंधविश्वास
117. बहुत तेज़ बुद्धिवाला कुशाग्रबुद्धि
118. पृथ्वी से संबद्ध पार्थिव
119. पृथ्वी को धारण करनेवाला भूधर
120. बाएँ हाथ से तीर चलानेवाला सव्यसाची
121. माता की हत्या करनेवाला मातृहंता
122. मृदु बोलनेवाला मृदुभाषी
123. रात में विचरण करनेवाला निशाचर
124. राह दिखानेवाला पथ प्रदर्शक
125. लौटकर आया हुआ प्रत्यागत
126. वस्तुओं (नदियों) का मिलन संगम
127. विष्णु का उपासक या विष्णु से संबद्ध वैष्णव
128. व्याकरण जाननेवाला वैयाकरण
129. विदेश में रहनेवाला प्रवासी
130. शक्ति (देवी) का उपासक शाक्त
131. शत्रु को मारने वाला शत्रुघ्न
132. शब्द द्वारा जो व्यक्त नहीं हो सके अनिर्वचनीय
133. हमेशा रहनेवाला शाश्वत
134. शिव का उपासक शैव
135. सबकुछ खानेवाला सर्वभक्षी
136. सब जगह मौजूद रहनेवाला सर्वव्यापी
137. सहन करना जिसका स्वभाव हो सहनशील
138. साँझ और रात के बीच का समय गोधूलि
139. सिर से पैर तक आपादमस्तक
140. सुनने योग्य श्रव्य या श्रवणीय
141. स्त्रियों जैसे स्वभाव का स्त्रैण
142. शाक, भाजी, फल-फूल खानेवाला शाकाहारी

□

समानार्थक प्रतीत होनेवाले भिन्नार्थक शब्द

1. **अबला**—अबला स्त्री मात्र को कहते हैं।
   निर्बला—बलहीन नारी।

2. **अभिमान**—सच्चा गर्व।
   अहंकार—झूठा घमंड।

3. **दर्प**—नियम के विरुद्ध काम करने पर भी घमंड।
   घमंड—सभी परिस्थितियों में अपने को बड़ा और दूसरे को हीन समझना।

4. **अवस्था**—वय (उम्र), जीवन के कुछ बीते समय।
   आयु—जीवन की पूरी गणना।

5. **अलौकिक**—अद्भुत, उत्तम गुणवाला।
   अस्वाभाविक—प्रकृति विरुद्ध।

6. **ईर्ष्या**—दूसरे की उन्नति से जलना।
   द्वेष—वैर-भाव।

7. **उद्योग**—उद्यम, परिश्रम।
   उपाय—समस्या सुलझाने का तरीका या तरकीब।

8. **कृपा**—किसी के कष्ट दूर करने की साधारण चेष्टा या किसी की सहायता।
   दया—दीन-दुःखी पर पिघलना अथवा दुखियों के दुःख दूर करने की स्वाभाविक इच्छा।

9. **खेद**—मन का खिन्न होना।
   शोक—मृत्यु आदि पर अफ़सोस।

10. **कष्ट**—साधारण तकलीफ़।
    दुःख—तन-मन या आत्मा का दुःखी होना।

11. **निर्णय**—फ़ैसला।
    न्याय—इनसाफ़।

12. **पाप**—धर्म विरुद्ध कार्य।
    अपराध—कानून विरुद्ध कार्य।

13. **देखना**—साधारण अर्थ में देखना।
    दर्शन देना—सम्मान के अर्थ में।

14. **श्रद्धा**—महात्माओं, धर्मों के प्रति।
    भक्ति—ईश्वर के प्रति।

15. **भिन्न**—अलग।
    विपरीत—उलटा।

16. **भ्रम**—जो नहीं है उसे समझ बैठना, जैसे—रस्सी को साँप समझना।
    संदेह—दुविधा, जैसे—साँप है या रस्सी।

17. **धर्म**—सत्य आदि मानवता के आदर्श।
मत—मज़हब।

18. **मूर्ख**—मूढ़, बुद्धिहीन।
अनभिज्ञ—जिसे पता न हो।

19. **अज्ञात**—जिसका पता न हो।
अपरिचित—नावाकिफ़।

20. **स्त्री**—संपूर्ण नारी जाति
पत्नी—किसी की विवाहिता।

21. **लज्जा**—शर्म (साधारण अर्थ में)।
ग्लानि—किसी पाप या अपराध का अफ़सोस।

22. **शंका**—शक।
आशंका—ख़तरा।

23. **भय**—साधारण डर।
त्रास—भयंकर भय।

24. **बहुमूल्य**—बहुत क़ीमती।
अमूल्य—जिसका मूल्य न आँका जा सके।

25. **यत्न**—कोशिश।
चेष्टा—हरकत।

26. **वेदना**—शारीरिक कष्ट।
व्यथा—मानसिक कष्ट।

27. **कलंक**—भारी दोष लगाना।
अपयश—अपकीर्ति।

28. **प्रलाप**—बकना, बकवाद।
विलाप—किसी के मरने पर रोना।

29. **परिचर्या**—रोगी की सेवा।
सेवा—किसी की भी सेवा।

30. **प्रतिदान**—आर्थिक सहायता।
अनुग्रह—कृपा करना।
अनुकंपा—बहुत कृपा।

31. **अनुरोध**—बराबरवालों से अनुरोध किया जाता है।
प्रार्थना—ईश्वर या अपने से बड़ों से प्रार्थना की जाती है।

32. **अस्त्र**—वह हथियार जो फेंककर चलाया जाता है।
शस्त्र—वह हथियार जो हाथ में लेकर चलाया जाता है।

33. **अधिक**—आवश्यकता से ज़्यादा।
काफ़ी—पर्याप्त।

34. **अनुराग**—किसी विषय-वस्तु पर शुद्ध भाव से मन का केंद्रित होना।
आसक्ति—मोहजनित प्रेम।

35. **अंत:करण**—विशुद्ध मन की केंद्रीय शक्ति।
आत्मा—अनश्वर, जीवों की चेतना।

36. **अध्यक्ष**—किसी गोष्ठी, समिति या संस्था के स्थायी प्रधान।
सभापति—अस्थायी प्रधान।

37. **अर्चना**—धूप, दीप, फूल इत्यादि से पूजा करना।
पूजा—बिना किसी सामग्री के भी भक्तिपूर्ण विनय अथवा प्रार्थना।

38. **अभिनंदन**—किसी श्रेष्ठ का मान या स्वागत।
स्वागत—अपनी सभ्यता-संस्कृति से संबंधित किसी को सम्मान देना।

39. **आदि**—साधारणत: एक या दो उदाहरण के बाद।

इत्यादि—दो से अधिक या पूरे उदाहरण के बाद।

40. **आज्ञा**—पूज्य व्यक्ति द्वारा दिया गया कार्य-निर्देश।

आदेश—किसी अधिकारी द्वारा दिया गया कार्य-निर्देश।

41. **आदरणीय**—अपने से बड़ों या महान् व्यक्तियों के प्रति सम्मान सूचक शब्द।

पूजनीय—पिता, गुरु या महान् पुरुषों के प्रति सम्मान सूचक शब्द।

42. **इच्छा**—साधारण चाह।

अभिलाषा—किसी विशेष वस्तु की हार्दिक इच्छा।

43. **उत्साह**—काम करने की बढ़ती हुई रुचि।

साहस—भय पर विजय प्राप्त करना।

44. **कंगाल**—जिसे पेट पालने के लिए भीख माँगनी पड़े।

दीन—निर्धनता के कारण जो दया का पात्र हो।

45. **ग्रंथ**—इससे पुस्तक के आकार की गुरुता और विषय के गांभीर्य का बोध होता है।

पुस्तक—साधारणत: सभी प्रकार की किताबें।

46. **दक्ष**—जो हाथ से किए जानेवाले काम को अच्छी तरह और जल्दी करे।

निपुण—जिसने अपने कार्य विषय का पूरा-पूरा ज्ञान प्राप्त कर लिया हो।

47. **कुशल**—जो हर काम में मानसिक तथा शारीरिक शक्तियों का अच्छा प्रयोग करना जानता है।

कर्मठ—जिस काम पर लगाया जाए उसपर लगा रहनेवाला।

48. **निबंध**—ऐसी गद्य रचना जिसमें विषय गौण और लेखक का व्यक्तित्व एवं शैली प्रधान हो।

लेख—ऐसी गद्य रचना जिसमें वस्तु या विषय की ही प्रधानता हो।

49. **निधन**—महान् और लोकप्रिय व्यक्ति की मृत्यु।

मृत्यु—सामान्य शरीरांत को 'मृत्यु' कहते हैं।

50. **निकट**—सामीप्य का बोध।

पास—अधिकार के सामीप्य का बोध।

51. **प्रणाम**—बड़ों को प्रणाम किया जाता है।

नमस्कार—बराबरवालों को।

नमस्ते—बराबरवालों को।

52. **पारितोषिक**—किसी प्रतियोगिता में विजयी होने पर।

पुरस्कार—किसी व्यक्ति के अच्छे काम या सेवा पर।

53. **पुत्र**—अपना बेटा।

बालक—कोई भी लड़का।

54. **बड़ा**—आकार का बोधक।

बहुत—परिमाण का बोधक।

55. **बुद्धि**—प्रज्ञा कर्तव्य का निश्चय करती है।

ज्ञान—इंद्रियों द्वारा प्राप्त अनुभव।

56. **मित्र**—वह पराया व्यक्ति जिसके साथ आत्मीयता हो जाती है।

बंधु—आत्मीय मित्र, संबंधी।

57. **मन**—जहाँ संकल्प-विकल्प हो।

चित्त—जहाँ बातों का स्मरण-विस्मरण हो।

58. **महाशय**—सामान्य लोगों के लिए महाशय का प्रयोग होता है।

महोदय—अपने से बड़ों या अधिकारियों को महोदय कहा जाता है।

59. **यंत्रणा**—असह्य दु:ख का अनुभव।

यातना—आघात से उत्पन्न कष्ट की अनुभूति, विशेषकर शारीरिक क्षेत्र में या रूप में।

60. **विषाद**—अतिशय दु:खी होने के कारण किंकर्तव्यविमूढ़ होना।

व्यथा—किसी आघात के कारण मानसिक कष्ट या पीड़ा।

61. **सेवा**—गुरुजनों की टहल।

शुश्रूषा—दीन-दुखियों या रोगियों की सेवा।

62. **साधारण**—जो वस्तु या व्यक्ति एक ही आधार पर आश्रित हो।

सामान्य—जो बात दो अथवा कई वस्तुओं तथा व्यक्तियों आदि में समान रूप से पाई जाती है।

63. **सहानुभूति**—दूसरे के दु:ख को निज दु:ख मानना।

स्नेह—छोटों के प्रति प्रेम-भाव रखना।

64. **सम्राट्**—राजाओं का राजा।

राजा—साधारण राजा।

65. **अनुरूप**—रूप के अनुसार।

अनुकूल—अपने पक्ष के मुताबिक़।

66. **अनुभव**—अभ्यासादि द्वारा प्राप्त ज्ञान।

अनुभूति—चिंतन-मननादि द्वारा प्राप्त आंतरिक ज्ञान।

67. **अनबन**—दो व्यक्तियों का आपस में नहीं बनना।

खटपट—दो पात्रों या व्यक्तियों में साधारण झगड़ा।

68. **अर्पण**—अपने से बड़े को जो भेंट दी जाती है।

प्रदान—बड़ों की ओर से छोटों को दिया जाना।

69. **अन्वेषण**—अज्ञात पदार्थ, स्थानादि का पता लगाना।

अनुसंधान—छानबीन, जाँच-पड़ताल करना।

गवेषणा—किसी गूढ़ विषय की मूल स्थिति जानने के लिए गंभीर अध्ययन-मननादि।

70. **अशुद्धि**—लाई गई भूल।

भूल—कार्य-व्यवहारादि में किसी चीज़ का छूट जाना, रह जाना।

71. **आधि**—मानसिक कष्ट।

व्याधि—शारीरिक कष्ट।

72. **आह्लाद**—वह प्रसन्नता जो क्षणिक, पर तीव्र भावों से समन्वित हो।

उल्लास—किसी अभिलषित पदार्थ की प्राप्ति की आशा में जो आनंद आता है।

73. **आगामी**—आगे आनेवाला समय।

भावी—भविष्य का बोध हो जाना।

74. **आराधना**—किसी देवता या गुरुजन के समक्ष दया की याचना।

उपासना—अपने इष्टदेव से किसी उद्‌देश्य की पूर्ति के लिए एकनिष्ठ साधना करना।

75. **उपकरण**—वह सामग्री जो किसी कार्य की सिद्धि के लिए जुटाई जाती है।

उपादान—किसी पदार्थ के निर्माण करने की सामग्री।

76. **उदाहरण**—किसी पदार्थ को सिद्ध करने के लिए दिया गया प्रमाण आदि।

दृष्टांत—किसी बात की परिपुष्टि के लिए दिया गया तथ्य।

77. **अभिनेत्री**—रंगमंच पर नारी की भूमिका अदा करनेवाली अभिनेत्री कहलाती है।

नायिका—नाटक या उपन्यासादि की मुख्य नारी पात्र।

78. **त्रुटि**—कमी का भाव प्रकट होना।

दोष—उचित-अनुचित का भाव।

79. **निवेदन**—अधिकारी व्यक्ति के समक्ष नम्रता का भाव बरतना।

आवेदन—दरख़्वास्त (दरख़ास्त)।

80. **क्रांति**—जनसाधारण द्वारा शासन को उलटने के लिए संघर्ष।

विद्रोह—शासन के विरुद्ध कार्य।

81. **आज्ञा**—किसी गुरुजन की आज्ञा।

अनुज्ञा—अनुमति, स्वीकृति।

82. **आमंत्रण**—किसी समारोह में सम्मिलित होने के लिए बुलावा।

निमंत्रण—कहीं भोजन करने के लिए बुलाहट।

83. **ऋषि**—सत्य का साक्षात्कार, आविष्कार करनेवाला।

मुनि—सत्य का मनन करनेवाला।

संत—पवित्र, निष्काम तथा निर्विरोध जीवन बितानेवाला।

84. **बालक**—अल्पवयस्क मानव, शिशु से अधिक उम्रवाला।

लड़का—बालक और बेटा दोनों अर्थों में प्रसंगानुसार प्रयुक्त।

85. **बचपन**—बच्चे की अवस्था।

बचपना—बच्चों का स्वभाव, बच्चे जैसी चेष्टा।

86. **धन्यवाद**—किसी की सहायता पाकर उसके प्रति कृतज्ञता का भाव प्रकट करना।

बधाई—किसी की उपलब्धि से अपनी प्रसन्नता प्रकट करते हुए उसकी उन्नति की शुभकामना।

87. **सहयोग**—किसी काम को मिल-जुलकर करना।

सहायता—किसी काम में मदद, हाथ बँटाना।

□

अनेकार्थक शब्द

अंकुश — हाथी को हाँकने का भाला, दबाव।

अंचल — साड़ी का छोर, आँचल, देश का वह भाग जो सीमा के पास हो, किनारा।

अंडी — रेंड़ी, एक प्रकार का रेशमी कपड़ा।

अंत — समाप्ति, सीमा, पराकाष्ठा, मृत्यु, परिणाम।

अंदाज — अटकल, अनुमान, ढंग, भाव, चेष्टा।

अंश — भाग, कंधा, बारह आदित्यों में से एक।

अकाल — कुसमय, दुर्भिक्ष, कमी।

अखाड़ा — कुश्ती करने की जगह, साधुओं की जमाअत, जमाअत।

अगम — जहाँ कोई न जा सके, बुद्धि के परे, अथाह।

अचेत — बेहोश, अज्ञानी।

अनंत — असीम, अविनाशी, विष्णु। शेषनाग, आकाश।

अभिषेक — जल से सिंचन, बाधा शांति के लिए कुश से जल छिड़कना, राजगद्दी।

अरुण — सूर्य, लाल, सूर्य का सारथि।

अलौकिक — जो इस लोक का न हो, अद्‌भुत।

अवस्था — दशा, समय, आयु, स्थिति।

अशुद्ध — अपवित्र, बिना शोधा हुआ, ग़लत।

अस्वाभाविक — प्रकृति विरुद्ध, बनावटी।

उत्तर — उत्तर दिशा, जवाब, बाद का।

उद्‌देश्य — लक्ष्य, इष्ट, मतलब।

ऐरावत — बिजली से चमकता हुआ मेघ, इंद्रधनुष, इंद्र का हाथी।

कंचन — सोना, धतूरा।

कजली — कालिख, पारे और गंधक के साथ पिसा हुआ चूर्ण, गन्ने की एक जाति, वह गौ जिसकी आँखों के किनारे काला घेरा हो।

कटाक्ष — तिरछी नज़र, व्यंग्य, ताना।

कनक — सोना, धतूरा।

कुंडली — जलेबी, गिलोय, जन्म-कुंडली, साँप की गेंडुरी।

कुशल — प्रवीण, ख़ैरियत।

कोटि — धनुष का सिरा, दर्जा, करोड़

की संख्या।

खैर — कत्था, कुशल, एक पक्षी।

गिरह — गाँठ, एक गज का सोलहवाँ भाग, कलाबाज़ी।

गोचर — इंद्रियों द्वारा ग्राह्य, गौओं के चरने का स्थान।

घन — मेघ, बड़ा हथौड़ा, समूह, कपूर, घना, लंबाई-चौड़ाई और मोटाई का विस्तार।

चक्र — पहिया, पानी का भँवर, बवंडर, चकवा पक्षी, मंडली।

चपला — बिजली, लक्ष्मी, जीभ, पुंश्चली स्त्री।

चरण — पैर, कविता की एक पंक्ति, किरण, चरने का काम।

चाँदनी — चंद्रमा का प्रकाश, ऊपर तानने का सफ़ेद चादर, बिछाने की बड़ी सफ़ेद चादर।

चौकी — तख़्ता, जिसमें चार पाए लगे हों, रोटी बेलने का चकला, पटरा, आस-पास की रक्षा के लिए जहाँ चार सिपाही रहते हैं।

चौपट — चारों ओर से खुला हुआ, बरबाद।

छाक — तृप्ति, कलेवा, मस्ती।

जेठ — जेठ का महीना, बड़ा, पति का बड़ा भाई (स्त्री के लिए)।

झख — झीखने की क्रिया, मछली।

टीका — तिलक, चेचक आदि का टीका, किसी ग्रंथ की व्याख्या।

तम — अंधकार, राहु, सूअर, पाप, क्रोध, सूर्यकांत मणि, ग्रीष्म, एक प्रकार की अग्नि।

द्विज — ब्राह्मण, क्षत्रिय, वैश्य, चंद्रमा, दाँत, पक्षी।

धातु — सोना, चाँदी आदि द्रव्य। रस, रक्त, मांस, मद, अस्थि, मज्जा और शुक्र ये सात शरीरस्थ धातु; वीर्य; व्याकरण में क्रिया का मूल रूप।

धारण — धारण करने की क्रिया, मानसिक शक्ति, स्मृति, दृढ़ विचार।

नव — नया, नौ की संख्या।

नीलकंठ — महादेव, एक पक्षी, मोर।

बदी — कृष्ण-पक्ष, बुराई।

बाग़ — उपवन, लगाम।

भूत — प्राणी, प्रेत, बीता हुआ समय, अतीत, मूल द्रव्य जिनसे सृष्टि की रचना हुई है—मिट्टी, जल, अग्नि, आकाश और वायु।

मंत्र — वैदिक वाक्य, तंत्र के वाक्य-विशेष—जिनका प्रयोग किसी सिद्धि के लिए होता है।

यम — मृत्यु के देवता, इंद्रियों को वश में करना।

राग — प्रेम, अंगों में लगाने का सुगंधित लेप, संगीत के छह राग।

विग्रह — अलग करना, कलह, युद्ध, मूर्ति।
विजया — दुर्गा, भाँग।
विधि — ब्रह्मा, रीति।
शंकर — मंगल करनेवाला, शिव।
शार्दूल — सिंह, बाघ, राक्षस, एक पक्षी।
शुक्र — एक ग्रह, वीर्य, अग्नि, शक्ति, बृहस्पति के बाद पड़नेवाला दिन (अ.), धन्यवाद।
श्रृंग — पर्वत की चोटी, सींग, कमल।
श्यामा — राधा, एक पक्षी, सोलह वर्ष की तरुणी, काले रंग की गाय, तुलसी, कोयल, यमुना, रात, श्याम रंगवाली।
श्रुति — वेद, कान, सुनना, शब्द, किंवदंती।
संकोच — लज्जा, सिकुड़ने की क्रिया, हिचकिचाहट।
संगम — संयोग, दो नदियों के मिलने का स्थान।
सेंधव — सेंधा नमक, सिंध देश का घोड़ा, समुद्र संबंधी।
सोम — चंद्रमा, कुबेर, यम, वायु, अमृत, जल, स्वर्ग, आकाश, एक लता, प्राचीन काल में जिसका रस लोग पीते थे, सोमवार।
हंस — पक्षी, ब्रह्म, आत्मा, पर्वत।
हरि — विष्णु, शिव, बंदर, अग्नि, इंद्र, सिंह, सर्प, घोड़ा, मोर।

□

पदवाचक विशेषण–विशेषण-विशेष्ययुक्त शब्द

विशेषण	विशेष्य	विशेषण	विशेष्य
अगाध	सागर	निर्मम	हृदय
अनन्य	भक्ति, भक्त, प्रेम	नीरस	विषय
अनुपम	छवि	नील	कमल, आकाश
अप्रत्याशित	घटना	पुष्ट	शरीर
आकुल	हृदय, प्राण, अंतर	पंचभूत	शरीर
अमानुषिक	अत्याचार, व्यवहार	प्रचंड	मार्तंड, पुरुष
उद्‌भट	योद्धा, विद्वान्	प्रगाढ़	प्रेम, निद्रा
उर्वर	भूमि	प्रत्यक्ष	प्रमाण
ओजस्वी	भाषण	फलित	ज्योतिष
करुण	क्रंदन	भीषण	युद्ध
कलुषित	कार्य, हृदय	भौतिक	शरीर जगत्
क्षुब्ध	हृदय	मनोरम	छवि, दृश्य
गगनचुंबी	अट्टालिका (शिखर)	मधुर	भाषण, भोजन
चतुर	बालक	मरणासन्न	स्थिति
चालू	बाजार, लड़का	मानसिक	कष्ट
तरुण	हृदय	यशस्वी	नेता
दुर्लभ	बंधु	विफल	मनोरथ
दुर्गम	वन, पर्वत	विशाल	हृदय
दूषित	हवा, वातावरण	शस्यश्यामला	भूमि/धरती
दैवी	प्रकोप, घटना	शारीरिक	श्रम, कष्ट
नश्वर	जगत्, शरीर	शुभ्र	वसन
निंदित	कार्य	श्रांत	पथिक
निर्जला	एकादशी	सजल	नेत्र, मेघ

विशेष्य	विशेषण	विशेष्य	विशेषण
सतत	प्रयास	स्वर्णिम	सुयोग, उषा, अक्षर
सदय	हृदय	स्वादिष्ट	भोजन
सफल, भग्न	मनोरथ	हार्दिक	प्रेम, बधाई
स्निग्ध	हृदय, दृष्टि	हृदयविदारक	समाचार, दृश्य
स्नेहमयी	भगिनी, माता		

विशेष से विशेषण (संज्ञा से विशेषण)

अ-ओ

विशेष्य	विशेषण
अंत	अंतिम
अक्ल	अक्लमंद
अज्ञान	अज्ञानी
अणु	आणविक
अधिकार	अधिक़ारी
अन्याय	अन्यायी
अनुपात	आनुपातिक
अध्यात्म	आध्यात्मिक
अपराध	अपराधी
आयु	आयुष्मान्
अपमान	अपमानित
अर्थ	आर्थिक
आदर	आदरणीय
आश्रय	आश्रित
इच्छा	ऐच्छिक
इतिहास	ऐतिहासिक
ईसा	ईसवी
उत्साह	उत्साहित
उद्योग	औद्योगिक
उपज	उपजाऊ
उपयोग	उपयोगी
ऋण	ऋणी

क-घ

विशेष्य	विशेषण
कल्पना	काल्पनिक
काँटा	कँटीला
काग़ज़	काग़ज़ी
किताब	किताबी
कुल	कुलीन
कृपा	कृपालु
क्षण	क्षणिक
क्षोभ	क्षुब्ध
क्षमा	क्षम्य
क्षय	क्षीण, क्षयी
खपड़ा	खपड़ैल
ख़र्च	ख़र्चीला
खान	खनिज
ख़ानदान	ख़ानदानी
ख़ून	ख़ूनी
खेल	खिलाड़ी
गरमी	गरम
ग़लती	ग़लत
गुण	गुणवान्
गुलाब	गुलाबी
ग्राम	ग्रामीण
घर	घरेलू
घाव	घायल

च-ज

विशेष्य	विशेषण
चर्चा	चर्चित
चाचा	चचेरा
चार	चौथा
चिंता	चिंतित

विशेष्य	विशेषण	विशेष्य	विशेषण
चित्र	चित्रित	पराजय	पराजित
जंगल	जंगली	परिचय	परिचित
जल	जलीय	परिवार	पारिवारिक
ज़हर	ज़हरीला	पर्वत	पर्वतीय
जवाब	जवाबी	पहाड़	पहाड़ी
		पाठ	पाठ्य
त-न		पानी	पेय
तेज	तेजस्वी	पिता	पैतृक
त्याग	त्यागी	पुराण	पौराणिक
दंपती	दांपत्य	पुष्टि	पौष्टिक
दग़ा	दग़ाबाज़	पूजा	पूज्य, पूजनीय
दया	दयालु	पूर्व	पूर्वी
दर्द	दर्दनाक	प्यार	प्यारा
दर्शन	दार्शनिक	प्यास	प्यासा
दिन	दैनिक	प्रतिष्ठा	प्रतिष्ठित
देव	दैवी, दैविक	प्रथम	प्राथमिक
देश	देशी, देशीय	प्रशंसा	प्रशंसनीय
धन	धनी	बर्फ़	बर्फ़ीला
धर्म	धार्मिक	बुद्ध	बौद्ध
नगर	नागर, नागरिक	भय	भयानक
नमक	नमकीन	भूत	भौतिक
नरक	नारकीय	भारत	भारतीय
नाव	नाविक	भूख	भूखा
निंदा	निंदनीय	भूगोल	भौगोलिक
निज	निजी	मंगल	मांगलिक
नियम	नियमित	मध्यम	माध्यमिक
निर्माण	निर्मित	मल	मलिन
निश्चय	निश्चित	माता	मातृक
निषेध	निषिद्ध	मामा	ममेरा
निष्कासन	निष्कासित	मास	मासिक
नीति	नैतिक	माह	माहवारी
न्याय	न्यायी	मुख	मौखिक
प-म		**य-ह**	
पक्ष	पाक्षिक	यश	यशस्वी
पत्थर	पथरीला	योग	योगी

विशेष्य	विशेषण	विशेष्य	विशेषण
रंग	रंगीन	समय	सामयिक
रस	रसीला	समाज	सामाजिक
रसायन	रासायनिक	समुद्र	सामुद्रिक
राज	राजकीय	सम्मान	सम्मानित
राजनीति	राजनीतिक	साहित्य	साहित्यिक
राष्ट्र	राष्ट्रीय	सिंधु	सैंधव
राह	राही	सीमा	सीमित
रोग	रोगी	सुख	सुखी
रोज़	रोज़ाना	सुर	सुरीला
रोमांच	रोमांचित	सूर्य	सौर
लेख	लिखित	सोना	सुनहरा
लोभ	लोभी	स्मरण	स्मरणीय
वर्ष	वार्षिक	स्वदेश	स्वदेशी
वास्तव	वास्तविक	स्वभाव	स्वाभाविक
विकास	विकसित	स्वर्ग	स्वर्गीय
विज्ञान	वैज्ञानिक	स्वर्ण	स्वर्णिम
विभाजन	विभाजित, विभक्त	स्वास्थ्य	स्वस्थ
विवाह	वैवाहिक	शरीर	शारीरिक
विष्णु	वैष्णव	शासन	शासित, शासक
वेद	वैदिक	शास्त्र	शास्त्रीय
व्यवहार	व्यावहारिक	शिक्षा	शैक्षिक, शिक्षित
संक्षेप	संक्षिप्त	शिव	शैव
संपत्ति	संपन्न	शौक़	शौक़ीन
संपादक	संपादकीय	हवा	हवाई
संयोग	संयुक्त	हिंसा	हिंसक
सप्ताह	साप्ताहिक	हँसी	हँसोड़
सम	साम	हृदय	हार्दिक

□

तुलनात्मक विशेषण

मूलावस्था	**उत्तरावस्था**	**उत्तमावस्था**
अधिक	अधिकतर	अधिकतम
अन्य	अन्यतर	अन्यतम
आर्द्र	आर्द्रतर	आर्द्रतम
उग्र	उग्रतर	उग्रतम
उच्च	उच्चतर	उच्चतम
उष्ण	उष्णतर	उष्णतम
कठोर	कठोरतर	कठोरतम
कुरूप	कुरूपतर	कुरूपतम
कोमल	कोमलतर	कोमलतम
क्षिप्र	क्षिप्रतर	क्षिप्रतम
तीव्र	तीव्रतर	तीव्रतम
तेज़	तेज़तर	तेज़तम
निकृष्ट	निकृष्टतर	निकृष्टतम
निम्न	निम्नतर	निम्नतम
निर्बल	निर्बलतर	निर्बलतम
निर्मल	निर्मलतर	निर्मलतम
प्रचंड	प्रचंडतर	प्रचंडतम
प्रिय	प्रियतर	प्रियतम
बृहत्	बृहत्तर (बृहत्तर)	बृहत्तम (बृहत्तम)
भिन्न	भिन्नतर	भिन्नतम
महत्	महत्तर	महत्तम

मूलावस्था	उत्तरावस्था	उत्तमावस्था
लघु	लघुतर	लघुतम
विशाल	विशालतर	विशालतम
शुभ्र	शुभ्रतर	शुभ्रतम
शुष्क	शुष्कतर	शुष्कतम
सुंदर	सुंदरतर	सुंदरतम

□

मुहावरे

1. **अंधे की लकड़ी**—एक मात्र सहारा।
2. **अँधेरे घर का उजाला**—कुल को उजागर करनेवाला।
3. **अक़्ल चकराना**—किंकर्तव्यविमूढ़ होना, सूझ न पड़ना।
4. **अगर-मगर करना**—हुज्जत करना, टाल-मटोल करना।
5. **अपने मुँह मियाँ मिट्ठू बनना**—अपनी प्रशंसा आप करना।
6. **आँख की किरकिरी**—आँख का काँटा, शत्रु, अप्रिय।
7. **आँख की पुतली**—अतिशय प्रिय।
8. **आँख दिखाना**—धमकाना, क्रोध से देखना।
9. **आँखों में रात कटना**—रात में नींद न आना, किसी कष्ट, चिंता या व्यग्रता से सारी रात जागते बिताना।
10. **आकाश-पाताल एक करना**—चारों ओर छान डालना, ख़ूब परिश्रम करना।
11. **आग बबूला होना**—बहुत क्रोधित होना, क्रोध से लाल होना।
12. **आग लगाना**—झगड़ा या झंझट पैदा करना, क्रोध उत्पन्न करना, चुग़ली करना।
13. **आजकल करना**—टालमटोल करना।
14. **आटा-दाल का भाव मालूम होना**—कष्टकर अनुभव होना।
15. **आड़े हाथों लेना**—फटकारना, लज्जित करना।
16. **आसमान टूटना**—सहसा कोई विपत्ति आ पड़ना।
17. **आसमान पर उड़ना (या चढ़ना)**—घमंड करना, इतराना।
18. **आसमान पर थूकना**—किसी अनिंद्य व्यक्ति की निंदा करना।
19. **आसमान सिर पर उठाना**—उपद्रव मचाना।
20. **ईंट-से-ईंट बजाना**—ध्वस्त करना।
21. **उलटी गंगा बहना**—विपरीत बात होना।
22. **एक और एक ग्यारह होना**—सहयोग से शक्ति बढ़ना।
23. **एक न चलना**—कोई युक्ति सफल न होना।
24. **एड़ी-चोटी का पसीना एक करना**—ख़ूब परिश्रम करना।
25. **ओखल में सिर देना**—अपनी इच्छा से किसी मुसीबत या झंझट में पड़ना।
26. **कन्नी काटना**—नज़र बचाकर निकल जाना, सामने न आना।
27. **कमर कसना**—किसी काम के लिए साहसपूर्वक तैयार होना।
28. **कमर टूटना**—विपत्ति आदि में भारी

धक्का लगना।

29. **कलेजा टूक-टूक होना**—बहुत शोक होना।

30. **कलेजा धक से हो जाना**—भय या शोक से सहसा अवाक् रह जाना।

31. **कलेजा धड़कना**—भय से व्याकुल होना।

32. **काँटा बोना**—मुसीबतें खड़ी करना, हानि पहुँचाना।

33. **काठ का उल्लू**—वज्रमूर्ख, महा बेवकूफ़।

34. **कान काटना**—बड़ी चालाकी करना, धोखा देना।

35. **कान भरना**—शिकायत करना।

36. **कानोकान ख़बर न होना**—किसी को ज़रा भी पता न होना।

37. **काम तमाम करना**—मार डालना।

38. **काम निकलना**—प्रयोजन सिद्ध होना।

39. **कोरा जवाब**—साफ़ इनकार।

40. **कौड़ी-कौड़ी जोड़ना**—कष्ट से थोड़ा-थोड़ा करके धन इकट्ठा करना।

41. **कौर छीनना**—रोज़ी छीन लेना।

42. **खटाई में पड़ना**—दुविधा में पड़ना, स्थगित होना।

43. **ख़याली पुलाव पकाना**—बिना मतलब की बातें बनाना।

44. **ख़ाक छानना**—भटकते फिरना, मारा-मारा फिरना।

45. **ख़ाक में मिलना**—नष्ट होना।

46. **खार खाना**—डाह करना।

47. **खिल्ली उड़ाना**—मज़ाक़ उड़ाना, उपहास करना।

48. **गड़ जाना**—लज्जित हो जाना, झेंप जाना।

49. **गड़े मुरदे उखाड़ना**—दबी-दबाई पुरानी बात की चर्चा करना।

50. **गला छूटना**—पिंड छूटना।

51. **गहरी छनना**—गाढ़ी मित्रता होना।

52. **गाँठ में बाँधना**—हमेशा याद रखना।

53. **गाढ़े की कमाई**—बड़े परिश्रम की कमाई।

54. **गाल फुलाना**—रूठना।

55. **गाल बजाना**—डींग हाँकना।

56. **गुड़-गोबर होना**—बना-बनाया काम बिगड़ जाना।

57. **गुदड़ी का लाल**—छिपा हुआ गुणी व्यक्ति।

58. **घर का ना घाट का**—हर जगह बेकार, जिसके रहने का स्थान निश्चित न हो।

59. **घाट-घाट का पानी पीना**—जीवन के अनेक अनुभव प्राप्त करना।

60. **घी के दीये जलाना**—सफलता या लाभ पर अत्यंत प्रसन्न होना।

61. **घुटा हुआ**—बहुत चालाक, धूर्त।

62. **चकमा देना**—धोखा देना।

63. **चाँदी का जूता**—रिश्वत।

64. **चार दिन की चाँदनी**—क्षणिक सुख।

65. **चाल चलना**—धोखा देना।

66. **चिकना घड़ा**—निर्लज्ज, वह जिसपर अच्छी बातों का असर न पड़े।

67. **चिकने घड़े पर पानी पड़ना**—किसी व्यक्ति पर किसी के सत्परामर्श या उपदेश का कोई असर न पड़ना।

68. **चुटकियों में**—बहुत शीघ्र।

69. **चेहरा उतरना**—उदास होना।

70. **छक्के छुड़ाना**—परेशान करना।

71. **छठे छमासे**—कभी-कभी, बहुत दिनों पर।

72. **छाती पर पत्थर रखना**—भारी दुःख सहने के लिए हृदय कठोर करना।

73. **छाती पर साँप लोटना**—दुःख होना, ईर्ष्या से हृदय कठोर करना।

74. **जड़ खोदना**—एकदम नष्ट कर देना।

75. **ज़बान चलाना**—कटूक्तियाँ कहना।
76. **ज़बान देना**—वचन देना, वायदा करना।
77. **ज़बान पर होना**—हरदम याद होना, कंठस्थ होना।
78. **ज़बान पलटना**—बात कहकर मुकर जाना।
79. **ज़मीन-आसमान एक करना**—बहुत परिश्रम करना।
80. **जले पर नमक छिड़कना**—और दुःखी करना।
81. **जली-कटी**—दुःख पहुँचानेवाली बात।
82. **जान खाना**—तंग करना।
83. **जान पर खेलना**—प्राणों को संकट में डालना।
84. **ज़िद पर आना**—हठ पकड़ना।
85. **झंडा गाड़ना**—किसी स्थान पर विजय प्राप्त करना।
86. **टका-सा जवाब देना**—तुरंत अस्वीकार करना।
87. **टाँग अड़ाना**—व्यर्थ किसी बात या काम में दख़ल देना।
88. **तिल का ताड़ करना**—किसी तुच्छ बात को अनुचित महत्त्व देना।
89. **तूती बोलना**—प्रसिद्ध होना, विख्यात होना।
90. **दाँत खट्टे करना**—परेशान करना।
91. **दाल न गलना**—अभिप्राय पूरा न होना।
92. **दाल में काला होना**—संदेह की बात होना।
93. **दिमाग़ आसमान पर होना**—बहुत अभिमान होना।
94. **दूज का चाँद होना**—कम दिखाई देना या बहुत दिनों पर दिखाई देना।
95. **धूल में मिलना**—नष्ट होना।
96. **धोती ढीली होना**—भय होना।
97. **नमक-मिर्च मिलाना**—किसी बात में अपनी ओर से कुछ जोड़ देना।
98. **नस-नस में**—सारे शरीर में।
99. **नाक कटना**—बेइज़्ज़ती होना, प्रतिष्ठा नष्ट होना।
100. **नाको चने चबाना**—परेशानी में होना, कठिनाई में पड़ना।
101. **नाम उछालना**—बदनाम करना।
102. **नाम डुबाना**—नाम कलंकित करना।
103. **नौ दो ग्यारह होना**—आनन-फानन में भाग जाना।
104. **पत्थर की लकीर**—अमिट, पक्का।
105. **पहेली बुझाना**—घुमा-फिराकर अपना अभिप्राय प्रकट करना।
106. **पाँचों उँगलियाँ घी में होना**—लाभजनक स्थिति में होना।
107. **पाला पड़ना**—मुक़ाबला होना।
108. **पीछे पड़ना**—तंग करना, हठ करना।
109. **पेट-पीठ एक हो जाना**—बहुत दुबला-पतला हो जाना।
110. **पेट की आग**—भूख।
111. **पोल खुलना**—छिपी बात प्रकट होना।
112. **पौ बारह होना**—सफलता मिलना, सुख-समृद्धि युक्त होना।
113. **भूत चढ़ना**—बहुत अधिक क्रोध चढ़ना।
114. **मक्खी मारना**—बेकारी में वक़्त काटना।
115. **मन की मन में रह जाना**—निराशा हाथ लगना, दिल की लालसा पूरी न होना।
116. **मन के लड्डू होना**—ख़याली पुलाव पकाना, व्यर्थ की आशा पर प्रसन्न होना।
117. **मन मारना**—उदास होना, इच्छा को दबाना।
118. **मुँह की खाना**—धोखा खाना, असफल होना, पराजय होना।
119. **मुँह फेर लेना**—उपेक्षा करना, मन हटा लेना।
120. **मैदान मारना**—सफल होना, विजयी होना।

121. **रंग उड़ना**—घबड़ा जाना।
122. **रंग में भंग करना**—आनंद में बाधा पहुँचाना।
123. **रँगा सियार**—अपने स्वार्थ सिद्धि के लिए पाखंड करनेवाला।
124. **राह देखना**—प्रतीक्षा करना।
125. **रोटी कमाना**—जीविका प्राप्त करना।
126. **रोब जमाना**—प्रभाव जमाना।
127. **लँगोटिया यार**—बचपन का मित्र।
128. **लाल-पीला होना**—ग़ुस्सा होना।
129. **लुटिया डुबोना**—प्रतिष्ठा खो बैठना।
130. **लेने के देने पड़ना**—लाभ के बदले हानि होना, भारी संकट में फँस जाना।
131. **लोहे के चने चबाना**—कठिन कार्य से पाला पड़ना, कड़ा मुक़ाबला होना।
132. **शेर होना**—निर्भीक होना, वीर होना।
133. **सिर-आँखों पर बैठाना**—बहुत आदर करना।
134. **सिर ऊँचा करना**—प्रतिष्ठा बढ़ाना।
135. **हँसी उड़ाना**—मज़ाक़ उड़ाना, उपहास करना।
136. **हड्डियों का ढाँचा**—बहुत दुबला-पतला।
137. **होश उड़ना**—भय आदि से बेसुध हो जाना, घबड़ा जाना।
138. **हौआ होना**—भय की वस्तु होना।

□

अंग्रेज़ी शब्दों के मेल से बने मुहावरे

अंडर ग्राउंड होना—छिपकर रहना
एजेंट होना—दलाली करना
एक्टिंग करना—दिखवा करना
ट्रंप-कार्ड छोड़ना—अंतिम कोशिश करना
डबल रोल करना—दोनों तरफ़ बातें बताना
डिक्टेटर होना—अत्याचारी होना
ड्यूटी बजाना—काम पर केवल समय काटना
तूफ़ान मेल होना—तेज-तर्रार होना
नंबर मारना—आगे निकल जाना
पॉलिश करना—चापलूसी करना
परेड करना—व्यर्थ चक्कर काटना
बटरिंग करना—चापलूसी करना
बैक ग्राउंड में रहना—छिपकर काम करना
ब्रेक लगाना—रुकावट डालना
ब्लैकमेल करना—स्वार्थ सिद्ध करना
मूड ऑफ होना—मन नहीं लगना
रिंग लीडर होना—दुष्टों में प्रमुख होना
रिकॉर्ड कायम करना—बेजोड़ सफलता प्राप्त करना
लाइन मारना—किसी को पटाना या फँसाना
लाट साहब बनना—अपने को बड़ा समझना
लॉटरी निकलना—अनायास बहुत धन मिलना
लेक्चर झाड़ना—केवल बोले जाना
वीटो पावर लगाना—अपना विशेषाधिकार प्रयुक्त करना
स्टेपनी बनना—किसी का दुमछल्ला बनना
हीरो बनना—नेता बनना, अगुआ बनना
हुलिया टाइट करना—दिमाग़ दुरुस्त करना।

□

प्रमुख लोकोक्तियाँ

1. **अंत भला सो भला**—काम का फल शुभ होने पर पीछे का दु:ख समाप्त हो जाता है।
2. **अंधे के आगे रोवे, अपने दीदा खोवे**—जो ध्यान न दे, उससे अपने दु:ख की बात नहीं करनी चाहिए।
3. **अँधेर नगरी चौपट राजा**—जैसा राजा वैसी प्रजा।
4. **अंधों में काना राजा**—मूर्खों के बीच कुछ होशियार व्यक्ति।
5. **अकेला चना भाड़ नहीं फोड़ता**—अकेला आदमी लाचार होता है।
6. **अक़्ल बड़ी या भैंस**—मनुष्य का दिमाग़ सर्वोपरि है।
7. **अट्ट भी मेरी पट्ट भी मेरी**—दोनों दाँव अपना होना/हर समय जीतने की स्थिति।
8. **अधजल गगरी छलकत जाए**—डींग हाँकना/अल्पज्ञानी ज़्यादा प्रदर्शन करते हैं।
9. **अपनी गली में कुत्ता भी शेर होता है**—अपने इलाक़े में कमज़ोर व्यक्ति भी बलवान् होता है।
10. **अपनी डफली, अपना राग**—हर किसी का अपना मत/मतभिन्नता/मतभेद।
11. **अपने मुँह मियाँ मिट्ठू**—अपने आप महत्त्वपूर्ण बनना/अपनी प्रशंसा स्वयं करना।
12. **अब पछताए होत क्या, जब चिड़ियाँ चुग गईं खेत**—समय बीत जाने पर पछताने से भी कुछ नहीं बनता।
13. **अशर्फी की लूट, कोयले पर छाप**—क़ीमती वस्तुओं को तो नष्ट किया जाए, साधारण वस्तुओं को एकत्र किया जाए।
14. **आँख का अंधा नाम नयनसुख**—गुण कुछ नहीं, लेकिन नाम अधिक।
15. **आकाश से गिरा खजूर पे अटका**—एक विपत्ति से छूटकर, दूसरे से घिर जाना।
16. **आगे नाथ ना पीछे पगहा**—किसी प्रकार की जिम्मेवारी का न होना। निर्वंश/स्वच्छंद।
17. **आधा तीतर, आधा बटेर**—दो कामों में एक न बन पाना।
18. **आप भला तो जग भला**—अपनी ही तरह सबको समझना।
19. **आपकी बात सिर-माथे**—बड़ों की बातों का सम्मान।
20. **आम के आम गुठलियों के दाम**—अधिक लाभ/दुगुना लाभ।

21. **इलाज से बचाव अच्छा**—संकट से पूर्व सावधान होना।

22. **ईश्वर की माया, कहीं धूप कहीं छाया**—कहीं सुख और कहीं दु:ख।

23. **उँगली पकड़कर पहुँचा पकड़ना**—विपरीत कार्य करना/ थोड़ी अनुमति मिलते ही पूरे पर अधिकार करना।

24. **उतर गई लोई तो क्या करेगा कोई**—प्रतिष्ठा भंग होने पर मनमाने कार्य करना।

25. **उलटा चोर कोतवाल को डाँटे**—दोषी का निर्दोष पर दोषारोपण करना।

26. **उलटे बाँस बरेली को**—बहुतायत या बहुलतावाली जगह को वस्तु भेजना या लाना।

27. **ऊँची दुकान फीका पकवान**—बाहर अधिक तड़क-भड़क, पर भीतर से कुछ नहीं।

28. **ऊँट के मुँह में जीरा**—ज़रूरत से बहुत कम मिलना।

29. **एक अनार सौ बीमार**—एक वस्तु के अनेक चाहनेवाले।

30. **एक चुप सौ को हराए**—मौन रहने पर आलोचना का प्रभाव कम पड़ता है।

31. **एक तो करेला दूसरे नीम चढ़ा**—बुरे से बुरे का मेल।

32. **एक पंथ दो काज**—एक काम के साथ दूसरा काम भी संपन्न हो जाना।

33. **एक मछली सारे तालाब को गंदा कर देती है**—एक बुरा व्यक्ति सभी को कलंकित कर देता है।

34. **एक हाथ से ताली नहीं बजती**—कोई काम एकतरफ़ा नहीं होता।

35. **एक ही थैली के चट्टे-बट्टे**—एक ही विचार और स्वभाव के लोग।

36. **ओखली में सिर दिया तो मूसलों का क्या डर**—काम का उत्तरदायित्व लेने पर परेशानियों की परवाह न करना।

37. **कहने से कुम्हार गधे पर नहीं चढ़ता**—हठी व्यक्ति दूसरों के कहने से काम नहीं करता।

38. **कहाँ राजा भोज कहाँ गंगू तेली**—उच्च और साधारण की तुलना कैसी?

39. **काला अक्षर भैंस बराबर**—अनपढ़।

40. **खग जाने खग ही की भाषा**—जो जैसा रहता है वैसा ही अर्थ दूसरों की बातों का लगाता है।

41. **ख़ाली दिमाग़ शैतान का घर**—ख़ाली बैठने पर खुराफ़ात ही सूझता है।

42. **ख़ाली बातों से पेट नहीं भरता**—केवल योजना बनाने से कार्य सिद्ध नहीं होता।

43. **खेत खाय गदहा, मार खाए जोलहा**—दोष किसी का और दंड किसी और को मिले।

44. **खोदा पहाड़ निकली चुहिया**—अत्यधिक परिश्रम, पर फल तुच्छ।

45. **ग़रीब की जोरू सबकी भाभी**—कमज़ोर को सभी सताते हैं।

46. **ग़ुलामी की रोटी से मौत भली**—स्वतंत्रता मूल्यवान् होती है।

47. **गुड़ खाए गुलगुले से परहेज़**—किसी वस्तु का एक रूप स्वीकार कर दूसरे रूप को अस्वीकार करना।

48. **गुरु गुड़ चेला चीनी**—छोटे का बड़े से अधिक योग्य हो जाना।

49. **गेहूँ के साथ घुन भी पिसता है**—अपराधी के साथ निर्दोष भी दंडित होता है।

50. **घर का जोगी जोगिया, आन गाँव का**

सिद्ध—विद्वान् होने पर भी कोई अपने घर में इज़्ज़त नहीं पाता।

51. **घर में नहीं दाने, शादी चले रचाने**—व्यर्थ का दिखावा करना। औक़ात से अधिक प्रदर्शन करना।
52. **घर का भेदिया लंका ढावे**—आपस की वैमनस्यता से बड़ी हानि होती है।
53. **घर की मुरग़ी दाल बराबर**—हस्तगत वस्तु का विशेष मूल्य नहीं होता।
54. **चट मँगनी पट ब्याह**—कार्य शीघ्र सिद्ध करना।
55. **चमड़ी जाए पर दमड़ी ना जाए**—अत्यधिक कंजूस होना।
56. **चलती का नाम गाड़ी**—गति ही जीवन है।
57. **चार दिन की चाँदनी फिर अँधेरी रात**—अल्प काल के लिए ही सुख भोगना।
58. **चिराग़ तले अँधेरा**—अपनी बुराई स्वयं नहीं दिखती।
59. **चोर की दाढ़ी में तिनका**—दोषी हमेशा सशंकित रहता है।
60. **चौबेजी गए छब्बे होने दूबे होकर लौटे**—उच्च महत्त्वाकांक्षा बरबादी का कारण होती है।
61. **छछूँदर के सिर पर चमेली का तेल**—अयोग्य व्यक्ति के हाथ में अच्छी वस्तु देना।
62. **छोटा मुँह बड़ी बात**—सामर्थ्यहीन होकर बड़े सामर्थ्य की बातें करना।
63. **जंगल में मोर नाचा किसने देखा**—प्रतिभा का सम्मान ज़रूरी है।
64. **जब जागे तभी सवेरा**—होश आने पर चेतना।
65. **जहाँ न पहुँचे रवि वहाँ पहुँचे कवि**—कवि दूर तक सोचता है।
66. **जहाँ सेर वहाँ सवा सेर**—सामान्य से विशेष का सामना।
67. **जाके पैर न फटी बिवाई, वो क्या जाने पीर पराई**—जो दुःखी नहीं है, वह दुखियों की बात नहीं समझ सकता।
68. **जाको राखे साइयाँ, मार सके ना कोय**—ईश्वर जिसकी रक्षा करते हैं, उसका अनिष्ट असंभव है। मारनेवाले से बचानेवाला बड़ा होता है।
69. **जितना गुड़ डालोगे उतना मीठा होगा**—परिश्रम का समानुपाती है—फल।
70. **जितने मुँह उतनी बात**—किसी घटना की मनमानी व्याख्या।
71. **जिसकी लाठी उसकी भैंस**—ज़बरदस्ती दख़ल/हासिल करना।
72. **जिसने की शरम उसके फूटे करम**—संकोच से नुकसान होता है।
73. **जो गरजते हैं वो बरसते नहीं**—डींग हाँकनेवाले कार्य नहीं करते।
74. **जो जागत हैं सो पावत हैं**—परिश्रम करनेवाले/जागरूक रहनेवाले ही फल पाते हैं।
75. **जैसा खाए अन्न, वैसा होए मन**—जैसा खाओगे वैसा बनोगे।
76. **जैसा देश, वैसा भेष**—माहौल के अनुसार भेष बदलना।
77. **जैसी करनी, वैसी भरनी**—जैसा कार्य करेंगे, वैसा फल पाएँगे।
78. **झोंपड़ी में रहकर महलों के ख़्वाब देखना**—कल्पनाजीवी होना। बूते से बाहर के काम करने की सोचना।

79. **डूबते को तिनके का सहारा**—विपत्ति में थोड़ी सी सहायता भी बहुत बड़ी होती है।

80. **तुम डार-डार मैं पात-पात**—चालाक से (बढ़कर) चालाकी दिखाना।

81. **तुरंत दान महाकल्यान**—शुभ कार्य में देर नहीं करनी चाहिए।

82. **तेते पाँव पसारिए जेती लाँबी सौर**—अपनी सामर्थ्य के अनुसार काम करना चाहिए।

83. **दरिया में रहकर मगरमच्छ से बैर**—जिसके आश्रय में रहे उसी से शत्रुता करना।

84. **दादा बड़ा ना भैया सबसे बड़ा रुपैया**—रुपए का महत्त्व सबसे अधिक है।

85. **दान की बछिया के दाँत नहीं देखे जाते**—मुफ़्त में मिली वस्तु की क़ीमत नहीं आँकी जाती।

86. **दाने-दाने पर लिखा है खानेवाले का नाम**—भाग्य के अनुरूप ही सभी को प्राप्त होता है।

87. **दाल-भात में मूसलचंद**—व्यर्थ दख़ल देना।

88. **दुधारू गाय की लात भी सहनी पड़ती है**—स्वार्थसिद्धि के लिए सबकुछ सहना पड़ता है।

89. **दूध का जला छाछ भी फूँक-फूँककर पीता है**—एक बार ठोकर लगने पर सचेत हो जाना।

90. **दूर के ढोल सुहावने**—नज़दीक होने पर सच्चाई शीघ्र ही खुल जाती है, परंतु दूर रहने पर थोड़ी सी प्रशंसा भी अधिक हो जाती है।

91. **देर आए दुरुस्त आए**—दुर्घटना से देर भली।

92. **धोबी का कुत्ता घर का न घाट का**—किसी मतलब का न रहना।

93. **न नौ मन तेल होगा, न राधा नाचेगी**—कार्य सिद्धि के लिए असंभव शर्त रखना।

94. **न रहेगा बाँस, न बजेगी बाँसुरी**—जड़ को ही समाप्त कर देना।

95. **नाच न जाने आँगन टेढ़ा**—काम न जानना और बहाना बनाना।

96. **नीम-हकीम ख़तरा-ए-जान**—अल्पज्ञान ख़तरे का घर।

97. **नौ नक़द न तेरह उधार**—भविष्य के लाभ में तुरंत हानि न सहना।

98. **नौ सौ चूहे खाकर बिल्ली चली हज को**—पाप करने के बाद भक्त बनने का दिखावा करना।

99. **पानी की कमाई पानी में गँवाई**—मुफ़्त की आमदनी मुफ़्त में जाना।

100. **बंदर क्या जाने अदरक का स्वाद**—मूर्ख-नादान को गुणी की परख नहीं होती है।

101. **बग़ल में छोरा शहर में ढिंढोरा**—पास की वस्तु को न देख पाना।

102. **बोया पेड़ बबूल का आम कहाँ से खाए**—कर्म के अनुसार फल प्राप्त होना।

103. **बोलने से मौन भला**—विपरीत परिस्थितियों में मौन रहना ही श्रेयस्कर है।

104. **मजबूरी का नाम महात्मा गांधी**—सामर्थ्यहीनता को महिमामंडित अथवा गौरवान्वित करना।

105. **मन चंगा तो कठौती में गंगा**—पवित्रात्मा के लिए घर ही तीर्थ है।

106. **महँगा रोए एक बार सस्ता रोए बार-बार**—मूल्यवान् वस्तु टिकाऊ होती है।

107. **मान न मान मैं तेरा मेहमान**—ज़बरदस्ती गले पड़ना।

108. **मुँह में राम बग़ल में छुरी**—कपटी मित्र।

109. **रसरी आवत जात ते सिल पर परत निशान**—अभ्यास से सबकुछ सिद्ध हो सकता है।

110. **रस्सी जल गई पर ऐंठन न गई**—बुरी हालत होने पर भी घमंड नहीं जाना।

111. **राम-राम जपना पराया माल अपना**—भक्ति का ढोंग रचकर दूसरे की वस्तु को हड़प लेना।

112. **शक्ल चुड़ैल की, मिज़ाज परियों का**—कुपात्र की चाहत सुपात्रों जैसी।

113. **सब धान बाईस पसेरी**—गुणी-अवगुणी को एक समान आँकना।

114. **साँप भी मरे और लाठी भी न टूटे**—काम भी पूरा हो और किसी की हानि भी न हो।

115. **सावन के अंधे को हरा-ही-हरा सूझता है**—ख़ुदग़र्ज़ को सब जगह अपनी ग़रज़ ही दिखती है।

116. **सौ सोनार की एक लोहार की**—ताक़तवर सब कसर/बदला एक ही बार में निकाल लेता है।

117. **स्वर्ग की ग़ुलामी से नरक का राज भला**—पराधीनता से स्वाधीनता लाख गुनी अच्छी है।

118. **हथेली पर सरसों नहीं जमती**—असंभव कार्य नहीं हो सकता।

119. **हाथ कंगन को आरसी क्या**—स्वयंसिद्ध, जो प्रत्यक्ष हो उसके लिए प्रमाण की क्या आवश्यकता है।

120. **हाथी के दाँत खाने के और, दिखाने के और**—कहना कुछ और करना कुछ और/ कथनी और करनी में अंतर होना।

121. **होइहि सोइ जो राम रचि राखा**—जो भाग्य में लिखा है, वही होगा।

122. **होनहार बिरवान के होत चीकने पात**—सफल व्यक्ति के लक्षण बाल्यावस्था से ही दिखाई पड़ने लगते हैं।

□

सहचर शब्द

अंधा-काना
अच्छा-भला
अता-पता
आकुल-व्याकुल
आटा-दाल
आदर-सत्कार
आन-बान
आव-भगत
ईंट-पत्थर
ऊबड़-खाबड़
ऐसा-वैसा
कभी-कभार
क़लम-दवात
काग़ज़-क़लम
खट्टा-मीठा
खाना-पीना
गोरा-चिट्टा
घास-पात
चकला-बेलन
चाल-ढाल
चोर-उचक्का
छेड़-छाड़
छैल-छबीला
जूता-चप्पल
झगड़ा-टंटा
टेढ़ा-मेढ़ा
ढोल-मजीरा
थाली-लोटा
दंगा-फसाद
दवा-दारू
नदी-नाला
पूछ-ताछ
पैसा-कौड़ी
बाग़-बगीचा
बाप-दादा
बाल-गोपाल
भला-चंगा
मकान-दूकान
मार-पीट
माल-जाल
मोटा-झोटा
यत्र-तत्र
यदा-कदा
यहाँ-वहाँ
रख-रखाव
रहन-सहन
रुपया-पैसा
रोक-टोक
रोग-शोक
रोना-गाना
रोना-धोना
लड़ाई-झगड़ा
लाल-पीला
लूला-लँगड़ा
शाक-भाजी
शोर-शराबा
सड़ा-गला
सर्दी-जुकाम
सीधा-सादा
हक्का-बक्का
हल्ला-गुल्ला
हाथ-पैर
हाथी-घोड़ा
हिसाब-किताब

□

पशु-पक्षी-बोलियाँ

1. **उल्लू** — घुघुआना
2. **ऊँट** — बलबलाना
3. **कबूतर** — गुटर गूँ करना
4. **कुत्ता** — भौंकना / भूँकना
5. **कोयल** — कूकना / कुहकना
6. **कौआ** — काँव-काँव करना
7. **गधा** — रेंकना
8. **गाय** — रँभाना
9. **घोड़ा** — हिनहिनाना
10. **चिड़िया** — चहचहाना
11. **चूहा** — चूँ-चूँ करना
12. **तोता** — टें-टें करना
13. **पपीहा** — पिउ-पिउ करना
14. **बंदर** — खी-खी करना
15. **बकरी** — मिमियाना
16. **बतख़** — कें-कें करना
17. **बाघ** — दहाड़ना, गुर्राना
18. **बिल्ली** — म्याऊँ-म्याऊँ करना
19. **भालू** — खों-खों करना
20. **भेड़ा** — भें-भें करना
21. **भौंरा** — गुंजारना
22. **मक्खियाँ** — भिनभिनाना
23. **मुरग़ा** — बाँग देना
24. **मेढक** — टर्र-टर्र करना
25. **मोर** — मेह आओ-मेह आओ करना
26. **शेर** — दहाड़ना, गरजना
27. **साँड़** — डकारना
28. **साँप** — फुफकारना
29. **सियार** — हुआँ-हुआँ करना
30. **हाथी** — चिंघाड़ना

अन्य आवाज़ें

इंजन — भक-भक
स्टीम इंजन (ट्रेन) — छुक-छुक करना
गोली — सनसनाती निकलती है
घंटा — टन-टन करता है
घड़ी — टिक-टिक करती है
घुँघरू — रुनझुन-रुनझुन बजता है
चारपाई — चूँ-चूँ करती है
जूता — चरमराता है
झरना — झर-झर करता है
दाँत — किटकिटाता है
दिल — धड़कता है / धक-धक करता है
पंख — फड़फड़ाना
पत्ता — खड़खड़ाना
पायल — झनकारती है

बादल	—	गड़गड़ाना/तड़तड़ाना	**रुपया**	—	खनकता है
बिजली	—	कड़कना	**शस्त्र**	—	झनझनाते हैं
मोटर	—	पों-पों करना	**हवा**	—	सरसराना

पशु और उनके बच्चे

ऊँट	—	बोता	**भैंस**	—	पँड़वा/कटिया
कुत्ता	—	पिल्ला	**मुरग़ी**	—	चूज़ा
गाय	—	बछड़ा/बछिया	**मृग**	—	छौना
गधा	—	रेंगटा	**मेढक**	—	भेक
घोड़ा	—	बछेड़ा/बछेड़ी	**साँप**	—	सपोला
बकरी	—	मेमना	**सिंह**	—	शावक
भेड़	—	मेमना	**सूअर**	—	घेंटा

□

उपसर्ग-युक्त शब्द

उपसर्ग	अर्थ	शब्द
अंत:	भीतर	अत:करण, अंत:कथा, अंत:सलिला, अंतरदेशीय, अंतर्द्वंद्व
अ	नहीं	अकथनीय, अकर्मण्य, अकाट्य, अकारण, अकाल, अगम, अघटनीय, अचूक, अज्ञान, अतुलनीय, अधर्म, अनाथ, अबोध, अमर
अति	बहुत परे	अतिकाय, अतिक्रमण, अतिक्रांत, अतिनिर्वात, अतिपावन, अत्यधिक, अत्युत्तम, अतिरंजित, अतिरेक, अतिवृष्टि, अतिवेल
अध:	अधो, अधस् नीचे इत्यादि	अध:पतन, अध:शयन, अधोगति, अधोलिखित, अधोवस्त्र
अध	आधा	अधकचरा, अधखिला, अधपका, अधभरा
अधि	ऊपर, अधिक	अधिकारी, अधिग्रहण, अधिनायक, अधिमूल्य, अधिसंख्य, अध्यक्ष
अन	नहीं	अनपढ़, अनमोल, अनहोनी, अनावश्यक
अनु	पीछे	अनुकंपा, अनुकरण, अनुगमन, अनुगामी, अनुचर, अनुज, अनुदान, अनुपूरक, अनुप्रास, अनुभूति, अनुयायी, अनुशीलन, अनुसंधान, अनुसरण, अनुसूची
अप	बुरा, अलग, दूर, परे	अपकर्म, अपकीर्ति, अपवहित, अपवाद, अपशकुन, अपशब्द, अपकेंद्री, अपनयन
अभि	सामने	अभिकर्ता, अभिक्रमण, अभिज्ञान, अभिनंदन, अभिनय, अभिनेता, अभिमत, अभियान, अभिलेख, अभिजात, अभिलाषा, अभिशाप
अव	अनुचित, बुरा नीचे अभाव	अवगुण, अवरोध अवक्षेपण, अवतरण, अवतार, अवरोह अवमूल्यन, अवरोचक

उपसर्ग	अर्थ	शब्द
	या कमी	
आ	तक, इधर	आकर्षण, आकलन, आकांक्षा, आक्रमण, आगंतुक, आगमन, आजन्म, आपूर्ति, आभार, आमंत्रण, आयात, आयोजन, आरक्षण, आहत
उत्	ऊपर उठा हुआ	उच्चारण, उत्कर्ष, उत्थान, उत्पात, उद्धार, उन्नति, उन्माद
	अधिक प्रबल	उज्ज्वल, उत्तेजना, उत्सुक उद्घोषणा
उन	एक कम	उन्नीस, उनतीस, उनतालीस, उनहत्तर
उप	छोटा	उपबंध, उपखंड, उपग्रह, उपनगर, उपमंत्री, उपवन, उपवाक्य, उपसंपादक, उपाध्यक्ष
	पास, निकट	उपचार, उपन्यास, उपयोग, उपस्थित
	विस्तार	उपकार, उपदेश, उपनिवेश, उपलब्ध, उपसर्ग, उपहार
क, कु	बुरा	कपूत, कुकर्म, कुचक्र, कुचेष्टा, कुतर्क, कुपोषण
कम	(उर्दू) हीन, थोड़ा	कमअक्ल, कमज़ोर, कमसमझ
ग़ैर	(उर्दू) विपरीत, नहीं	ग़ैरज़रूरी, ग़ैरज़िम्मेदार, ग़ैरमुमकिन, ग़ैरसरकारी
चिर	देर तक का	चिरकाल, चिरजीवी, चिरपरिचित, चिर-प्रतीक्षित, चिरायु

उपसर्ग	अर्थ	शब्द
तत्	(तद्, तन् आदि) वही, उसी	तत्काल, तत्पर, तत्पश्चात्, तत्सम, तद्भव
दुः	(दुर्, दुस् आदि) कठिन, बुरा	दुर्जेय, दुर्बोध, दुर्भिक्ष, दुर्लभ दुःस्वप्न, दुर्दशा, दुर्बल, दुर्भाग्य, दुर्व्यवहार, दुष्कर्म, दुःसाध्य, दुस्साहस।
ना	(उर्दू) नहीं	नाकामयाब, नाजायज़, नाबालिग़, नामर्द, नामुमकिन, नालायक़, नासमझ
निः	(निर्, निस् आदि) बिना, बाहर	निरंकुश, निरंतर, निर्गुण, निर्जीव, निर्धन, निर्भय, निर्मल, निर्लज्ज, निर्विकार, निश्चय, निष्कपट, निष्कलंक, निस्संतान।
नि	अच्छी तरह, अधिक,	निखार, निढाल, निबंध, नियंत्रण, निवारण
	बिना	निकम्मा, निडर
पर	दूसरा	परजीवी, परदेश, परलोक, परोपकार
परा	परे, दूर तक	पराक्रम
	विपरीतता	पराजय, परावर्तन
परि	चारों ओर, पूरा	परिकल्पना, परिक्रमा, परिचय, परिधान, परिभाषा, परिमाण, परियोजना, परिवर्तन, परिवहन, परिस्थिति,

उपसर्ग	अर्थ	शब्द
		पर्यावरण
पुनः	पुनर्, पुनश् आदि	पुनःसंस्कार, पुनरावर्तन, पुनरावृत्ति, पुनर्विवाह, पुनश्च
पूर्व	पहला, पहले का	पूर्वकालीन, पूर्वज, पूर्वानुमान, पूर्वाभ्यास
प्र	आगे, अधिक	प्रक्रिया, प्रख्यात, प्रचलन, प्रचार, प्रताप, प्रदर्शन, प्रभाव, प्रमुख, प्रयत्न, प्रयोग, प्रलोभन, प्रवचन, प्रसिद्ध
प्रति	हर एक	प्रतिदिन, प्रतिमाह, प्रतिशत, प्रत्येक
	विपरीत, बदले में	प्रतिकार, प्रतिकूल प्रतिनिधि, प्रतिबिंब, प्रतियोगिता, प्रत्यावर्तन, प्रत्युपकार
बद	(उर्दू) ख़राब, बुरा	बदक़िस्मत, बदचलन, बदतमीज़, बदनाम, बदबू, बदहज़्मी
बहु	बहुत, अनेक	बहुगुण, बहुभाषी, बहुमत, बहुमूल्य, बहुविवाह
बे	(उर्दू) बिना, बग़ैर	बेइज़्ज़ती, बेकार, बेचैन, बेजोड़, बेडौल, बेतरतीब, बेफ़िक्र, बेबुनियाद, बेरोज़गारी, बेशुमार, बेवज़ह, बेकाम
ला	(उर्दू) बिना	लाइलाज, लाचार, लापरवाह, लावारिस
वि	विपरीतता	विकार, विक्रय, विघटन, विपक्ष, विफल, विमल, विवाद, विख्यात, विचित्र, विज्ञापन, विभाजन, विभिन्न, विभूषित, विरोध, व्याकुल
स		सकर्म, सकुशल, सजातीय, सपरिवार, सफल, सानंद
सत्		सच्चरित्र, सत्कर्म, सदाचार, सद्गति, सद्भाव, सन्मार्ग
सम्		संपन्न, संबोधन, संपादन, सम्मान, समाधान, समीक्षा
	इकट्ठा	संगम, संगोष्ठी, संचार, समास
सह		सहकारी, सहगान, सहपाठी, सहभोज, सहयोग, सहोदर
सु	अच्छा	सुकर्म, सुगंध, सुगम, सुचालक, सुदर्शन, सुयश, सुरक्षा, सुलभ,
स्व	अपना	स्वजन, स्वदेश, स्वभाव, स्वरूप, स्वचालित, स्वशासित, स्वावलंबन, स्वेच्छा
हर (उर्दू)		हर एक, हर घड़ी, हर समय।

□

समोच्चरित शब्द

1. **ओटना**—कपास से बिनौले निकालना/रुई धुनना।
   औटना—दूध को बार-बार उबालने की क्रिया।
2. **ओर**—एक तरफ़/किनारा।
   और—एक से अधिक वस्तु।
3. **खोलना**—किसी बंद वस्तु को खोलना।
   खौलना—किसी तरल पदार्थ का उबलना।
4. **पाश**—बंधन।
   पास—नज़दीक/क़रीब।
5. **मेला**—अवसर विशेष पर एकत्र होनेवाला जनसमुदाय।
   मैला—मल/गंदगी।
6. **मोर**—हमारा राष्ट्रीय पक्षी।
   मौर—विवाह के वक़्त सिर पर पहना जानेवाला एक विशेष प्रकार का अलंकरण।
7. **लोटना**—धूल में लेटना।
   लौटना—वापस आना।
8. **संकर**—मिश्रित/दोगला।
   शंकर—महादेव।
9. **सकल**—सब/पूरा/संपूर्ण।
   शक़्ल—सूरत/चेहरा/रूप।
10. **सर**—तालाब/सिर।
    शर—बाण/तीर।
11. **सादी**—सादा/साधारण।
    शादी—विवाह/परिणय-सूत्र।
12. **साला**—पत्नी का भाई।
    शाला—घर, मकान।
13. **शोक**—दुःखी होना/किसी प्रिय व्यक्ति की मृत्यु पर होनेवाला दुःख।
    शौक़—रुचि/अभिरुचि।
14. **सेर**—तौल का एक पुराना मापक (बाट)।
    सैर—घूमना/टहलना।

□

युग्म शब्द या श्रुतिसम भिन्नार्थक शब्द-सूची

1. **अंब** — आम
   अंभ — जल
2. **अंश** — हिस्सा
   अंस — कंधा
3. **अधम** — नीच
   अधर्म — पाप
4. **अनल** — आग
   अनिल — हवा
5. **अणु** — कण
   अनु — पीछे (उपसर्ग)
6. **अनुदित** — नहीं उगा
   अनूदित — अनुवादित
7. **अनुप्राश** — भोजन
   अनुप्रास — एक शब्दालंकार
8. **अन्न** — अनाज
   अन्य — दूसरा
9. **अपत्य** — संतान
   अपथ्य — अहितकर
10. **अपेक्षा** — इच्छा, आवश्यकता
    उपेक्षा — निरादर
11. **अभय** — निर्भय
    उभय — दोनों
12. **अभिज्ञ** — जाननेवाला
    अनभिज्ञ — अनजान
13. **अभिराम** — सुंदर
    अविराम — लगातार
14. **अयश** — अपकीर्ति
    अयस — लोहा
15. **अरि** — शत्रु
    अरी — संबोधन (स्त्री के लिए)
16. **अर्घ्य** — पूजनीय, पूजा में देने योग्य वस्तु
    अर्ध — आधा
17. **अलि** — भौंरा
    अली — सखी
18. **अवधि** — काल
    अवधी — अवध की भाषा
19. **अवश** — विवश
    अवश्य — निश्चय
20. **अशक्त** — असमर्थ, शक्तिहीन
    असक्त — विरक्त
21. **आदि** — आरंभ
    आदी — अभ्यस्त / अदरक
22. **आभास** — अनुमान
    आवास — वास स्थान
23. **आस्तिक** — ईश्वरवादी
    आस्तीक — एक ऋषि

24. **आहुत** — यज्ञ
आहूत — आमंत्रित
25. **इतर** — अन्य
इत्र — सुगंधित पदार्थ
26. **ईशा** — ऐश्वर्य/दुर्गा
ईषा — हल की लंबी लकड़ी
27. **उपपति** — पति भिन्न प्रेमी
उपपत्ति — सिद्धि
28. **उपयुक्त** — उचित
उपर्युक्त — ऊपर कहा हुआ
29. **उद्धत** — उद्दंड
उद्यत — तैयार
30. **एतवार** — रविवार
एतबार — विश्वास
31. **कंकाल** — ठटरी
कंगाल — ग़रीब
32. **कँटीली** — काँटेदार
कटीली — तीक्ष्ण
33. **कपिश** — मटमैला
कपीश — हनुमान/सुग्रीव
34. **करकट** — कूड़ा
कर्कट — केकड़ा
35. **कर्म** — कार्य
क्रम — सिलसिला
36. **कलि** — कलियुग
कली — अधखिला फूल
37. **काश** — शायद, खास
कास — खासी
38. **कीला** — गाड़ा या बँधा
किला — गढ़
39. **कुच** — स्तन
कूच — प्रस्थान
40. **कुल** — वंश
कूल — किनारा

41. **कृति** — रचना
कृती — यशस्वी
42. **केशर** — कुंकुम
केसर — सिंह के गरदन के बाल
43. **कोर** — किनारा
कौर — ग्रास
44. **कोश** — शब्दकोश
कोष — ख़ज़ाना
45. **क्षत्र** — क्षत्रिय
छत्र — छाता
46. **खोआ** — दूध का बना ठोस पदार्थ
खोया — भूल गया, खो गया
47. **गज** — हाथी
ग़ज — मापक
48. **गुड़** — शक्कर
गूढ़ — गंभीर
49. **गृह** — घर
ग्रह — सूर्य, चंद्र आदि
50. **चक्रवात** — बवंडर
चक्रवाल — चकवा पक्षी
51. **चषक** — शराब पीने का प्याला
चसक — चस्का, लत
52. **चिर** — देर/पुराना
चीर — कपड़ा
53. **जगत** — कुएँ का चौतरा
जगत् — संसार
54. **जब** — जिस समय
जव — वेग/जौ
55. **ज़बान** — जीभ
जवान — युवा/सैनिक
56. **जाया** — व्यर्थ
जाया — पत्नी

57. **जिन** — सूर्य/महावीर
जिन्न — प्रेतात्मा
58. **जोश** — आवेश
जोष — सुख, आराम
59. **तक्र** — मट्ठा
तर्क — बहस
60. **तड़ाक** — जल्दी
तड़ाग — तालाब
61. **तप्त** — गरम
तृप्त — संतुष्ट
62. **तरंग** — लहर
तुरंग — घोड़ा
63. **तरणि** — सूर्य
तरणी — नाव
तरुणी — युवती
64. **तब** — उसके बाद
तव — तुम्हारा
65. **थाती** — धरोहर
थाति — स्थिरता
66. **दाई** — धात्री, दासी
दायी — देनेवाला
67. **दारा** — स्त्री
द्वारा — माध्यम, मारफ़त
68. **दूत** — संवादवाहक
द्यूत — जुआ
69. **देव** — देवता
दैव — भाग्य
70. **दौड़** — दौड़ने की कला
दौर — चक्कर
71. **द्रव** — तरल
द्रव्य — पदार्थ, धन
72. **द्विप** — हाथी
द्वीप — टापू
73. **परिक्षा** — कीचड़
परीक्षा — इम्तिहान
74. **पुरी** — नगरी
पूड़ी / पूरी — एक व्यंजन
पूरी — सारी
75. **प्रहर** — पहर (समय)
प्रहार — चोट (आघात)
76. **फन** — साँप का फण
फ़न — कला, हुनर
77. **बदन** — शरीर
वदन — मुख
78. **बन** — बनना/मज़दूरी
वन — जंगल
79. **बलि** — बलिदान
बली — वीर
80. **बहन** — बहिन
वहन — ढोना
81. **बाईं** — बायाँ का स्त्री. रूप
बाई — वेश्या
82. **बात** — वचन
वात — हवा
83. **बाण** — तीर
बान — लत, आदत
84. **बार** — दफ़ा
वार — चोट
85. **बाला** — लड़की
वाला — एक प्रत्यय
86. **बाह्य** — बाहरी
वाह्य — वहन करने योग्य
87. **भारती** — सरस्वती
भारतीय — भारत के निवासी
88. **मद** — अहंकार/नशा
मद्य — शराब

89. **मरिचि** — किरण
मरीचि — सूर्य/चंद्र
90. **मल** — पाख़ाना
मैल — गंदगी
91. **वरण** — चुनाव/विवाह करना
वरन् — बल्कि
92. **वर्ण** — रंग
व्रण — घाव
93. **वसन** — कपड़ा
व्यसन — लत
94. **संग** — साथ
संघ — समूह/दल
95. **संभावना** — संदेह, आशा
समभावना — तुल्यता की भावना
96. **सन** — पटुआ/सनई
सन् — साल
97. **सन्मति** — अच्छी मति
सम्मति — परामर्श
98. **सर्ग** — अध्याय
स्वर्ग — देवलोक
99. **साँस** — प्राणवायु
सास — पति या पत्नी की माँ
100. **सुधि** — स्मरण
सुधी — विद्वान्
101. **सुत** — बेटा
सूत — सारथि/धागा
102. **सुर** — देवता/लय
सूर — अंधा/सूर्य
103. **सूचि** — शूची, सूई
सूची — विषयक्रम
104. **सेब** — एक फल
सेव — बेसन का पकवान
105. **श्याम** — श्रीकृष्ण/काला
स्याम — एशिया का एक देश
106. **हरि** — विष्णु
हरी — एक वर्णवृत्त

□

प्रमुख अशुद्ध शब्द

उच्चारण के कारण वर्तनी-अशुद्धियाँ

अशुद्ध		शुद्ध	अशुद्ध		शुद्ध
अंतर्ध्यान	—	अंतर्धान	गुन	—	गुण
अंत्येष्ठि	—	अंत्येष्टि	गुरू	—	गुरु
अकसर	—	अक्सर	गृहस्थ्य	—	गृहस्थ
अतिथी	—	अतिथि	घनिष्ट	—	घनिष्ठ
अनाधिकार	—	अनधिकार	चर्मोत्कर्ष	—	चरमोत्कर्ष
अभीष्ठ	—	अभीष्ट	जगेगा	—	जागेगा
आँसु	—	आँसू	जरुरी	—	ज़रूरी
आशीरवाद	—	आशीर्वाद	ज्योतसना	—	ज्योत्स्ना
आशुतोश	—	आशुतोष	तपश्या	—	तपस्या
इकठ्ठा	—	इकट्ठा	तलाब	—	तालाब
उज्जवल	—	उज्ज्वल	दिवार	—	दीवार
उनमुख	—	उन्मुख	दुरावस्था	—	दुरवस्था
उन्तीस	—	उनतीस	दुश्कर्म	—	दुष्कर्म
ओद्योगिक	—	औद्योगिक	दुस्कर	—	दुष्कर
कल्यान	—	कल्याण	दूकान	—	दुकान
कठिनाईयाँ	—	कठिनाइयाँ	देहिक	—	दैहिक
कवित्री	—	कवयित्री	नबाब	—	नवाब
किजिए	—	कीजिए	नमश्कार	—	नमस्कार
कुसलता	—	कुशलता	नर्क	—	नरक
केंद्रिय	—	केंद्रीय	निशुल्क	—	निःशुल्क
केंद्रीयकरण	—	केंद्रीकरण	निस्वार्थ	—	निःस्वार्थ

अशुद्ध		शुद्ध	अशुद्ध		शुद्ध
नोकरी	—	नौकरी	रात्री	—	रात्रि
परिक्षा	—	परीक्षा	रूपये	—	रुपए
पाठक्रम	—	पाठ्यक्रम	लायसेंस	—	लाइसेंस
पीया	—	पिया	लाईन	—	लाइन
पुन्य	—	पुण्य	बास्तविक	—	वास्तविक
पुरवायी	—	पुरवाई	विकाश	—	विकास
प्रभू	—	प्रभु	वेषभूषा	—	वेशभूषा
प्रमाणिक	—	प्रामाणिक	शुरु	—	शुरू
फायनल	—	फाइनल	शताब्दि	—	शताब्दी
फैंकना	—	फेंकना	श्रीमति	—	श्रीमती
बनस्पति	—	वनस्पति	समस्यायें	—	समस्याएँ
बारात	—	बरात	साधू	—	साधु
बिमार	—	बीमार	सामर्थ	—	सामर्थ्य
बीबी	—	बीवी	सिक्षा	—	शिक्षा
बेइमान	—	बेईमान	सुआगत	—	स्वागत
ब्यापार	—	व्यापार	सूचिपत्र	—	सूचीपत्र
ब्रत	—	व्रत	सैना	—	सेना
मिष्ठान्न	—	मिष्टान्न	सोड़ा	—	सोडा
मिठायी	—	मिठाई	स्त्रीयों	—	स्त्रियों
मुठ्ठी	—	मुट्ठी	स्वास्थ	—	स्वास्थ्य
मेनेजर	—	मैनेजर	हेतू	—	हेतु

□□□